教学的思考与写作

高月峰 著

吉林大学出版社
·长春·

图书在版编目(CIP)数据

教学的思考与写作 / 高月峰著. —长春：吉林大学出版社，2022.9
ISBN 978-7-5768-0710-3

Ⅰ.①教… Ⅱ.①高… Ⅲ.①语文教学-教学研究 Ⅳ.①H193

中国版本图书馆 CIP 数据核字（2022）第 186911 号

书　　名：教学的思考与写作
JIAOXUE DE SIKAO YU XIEZUO

作　　者：高月峰　著
策划编辑：黄国彬
责任编辑：刘　丹
责任校对：张鸿鹤
装帧设计：姜　文
出版发行：吉林大学出版社
社　　址：长春市人民大街4059号
邮政编码：130021
发行电话：0431-89580028/29/21
网　　址：http：//www.jlup.com.cn
电子邮箱：jldxcbs@sina.com
印　　刷：永清县晔盛亚胶印有限公司
开　　本：787mm×1092mm　1/16
印　　张：15
字　　数：230 千字
版　　次：2023 年 5 月　第 1 版
印　　次：2023 年 5 月　第 1 次
书　　号：ISBN 978-7-5768-0710-3
定　　价：98.00 元

版权所有　翻印必究

目 录

理论研讨

语文是什么 …………………………………………………………（1）
我的教学主张论 ……………………………………………………（3）
略论古代蒙学中语文教育的优良传统 ……………………………（7）
在激情生本课堂教学中培养创新能力 ……………………………（14）
基于情境、问题导向的高中课堂教学实践探索 …………………（18）
如何让校规服务现代学校治理 ……………………………………（23）

实践探索

依据课本，每课一练——中学作文教学新探 ……………………（27）
浅谈今年(2000年)高考语文命题的得与失 ………………………（31）
发展性语文教学的探索 ……………………………………………（33）

教育科研

山东省普通高中大学先修课程建设调查与研究 …………………（60）
山东省大学先修课课程建设的思考 ………………………………（83）
基于创新能力培养的高中激情生本课堂实践与研究 ……………（87）

下水作文

雪的联想 ……………………………………………………………（120）

地名联想	（123）
村庄断想	（127）
离家出走的狗及其他	（129）
有故事的人，有故事的书	（131）
向外，向外	（133）
第一次出国远行	（135）
香港佘先生	（140）
丹尼尔的中国梦	（145）

教育随笔

新西兰的日出先照之城	（147）
市长夫人的两元店	（149）
新西兰学校一瞥	（151）
我所体验的毛利文化	（153）
关于牧羊犬及其他	（156）
田园梦想之着陆点	（158）
嗨！泰德	（161）
牧场奇遇	（165）
一部特意为我拍摄的短片	（167）
澳洲影像记	（169）
新金山的淘金梦	（171）
结缘英国友校	（173）
前往英国	（175）
英国学制	（177）
Itchen College 一瞥	（179）
一节音乐创作课	（181）
牛津大学	（183）
温彻斯特	（186）
白金汉宫卫兵换岗仪式	（188）

目 录

小城巴斯 …………………………………………… （190）

英格兰野外漫步 …………………………………… （192）

剑河上的桥 ………………………………………… （194）

剑桥的绿意 ………………………………………… （196）

露易丝的私人宴请 ………………………………… （197）

伦敦塔 ……………………………………………… （199）

伦敦塔桥 …………………………………………… （201）

南安普敦古城 ……………………………………… （203）

朴次茅斯 …………………………………………… （204）

温莎城堡 …………………………………………… （206）

古城约克 …………………………………………… （208）

伦敦眼 ……………………………………………… （210）

英国寄宿家庭 ……………………………………… （212）

Kamil 印象记 ……………………………………… （214）

转机阿斯塔纳 ……………………………………… （218）

阿斯塔纳观光 ……………………………………… （220）

五渔村之行 ………………………………………… （223）

一次韩国家庭的真挚接待 ………………………… （226）

一碗尴尬的冷面 …………………………………… （228）

迎接挑战，追求超越（代后记） …………………… （230）

理论研讨

语文是什么

语文的含义是什么？商务印书馆出版的《现代汉语词典》给出了两个含义：一为语言和文字，如语文规范，语文程度；二为语言和文学，如中学语文课本，可见，它把作为学科规范的语文理解为语言和文学。其实，对语文一词还有其他理解，例如语言和文化，因为每种语言都保存着该民族的文化遗传密码，或者说语文本身就是文化的一部分。还有人认为，"语"是口头语，"文"为书面语。到底怎么理解呢？我们不妨从语文这个词汇产生的历史来看。

语文这个词语在十九世纪末叶才开始出现，但并没有学科教学的含义，五四新文化运动以后，新式学堂中废除了文言文，开始使用现代白话文教学。当时编纂的课本，小学的叫"国语"，偏重于口语；中学的叫"国文"，偏重于书面语，这种叫法在民国期间一直沿用。20世纪30年代后期，叶圣陶、夏丏尊推出了语文的概念，并尝试编写教材，但因日本侵略而中止。1949年8月，叶圣陶主持草拟《小学语文课程标准》及《中学语文课程标准》，首次使用"语文"作为学科术语，1950年，国家出版总署编审局编写出版中小学课本时，统一命名为"语文"。从那时起，除了1956—1958年短暂分设"汉语""文学"外，语文名称一致沿用至今。

但"语文"一词能否概括出这一学科含义，一直有人质疑，直到今天。几十年来，教育部发布的教学大纲和课程标准避而不谈这个问题，不知是不是与争议有关。2004年、2017年、2020年课程标准几经调整，对语文的名称仍然没有界定，但对课程性质的表述是清晰的。我们可以从性质一窥端倪："语言文字是人类社会最重要的交际工具和信息载体，是人类文化的重要组成部分。语言文字的运用，包括生活、工作和学习中的听说读写活动以及文学活动，存在于人类社会的各个领域。""语文课程是一门学习祖国语言文字运用的综合性、实践性课程。工具性与人文性的统一，是语文课程的基本特点。"

我们可以从三个层次来理解。首先，最基础的层面上，语文就是语言文字，这是语文的显性特征，由于语言文字又从属于文化，所以文化是其隐性特征。第二个层次，语言的运用包括文学活动，也就是说，文学是语言运用的形式之一。第三个层次，语文课程是一门学习语言运用的学科。三个层次中，学习语言文字运用是语文学科设立的前提和目的，这是本质属性，文化、文学是附加属性。这个厘定，很好地阐明了语文区别于其他学科的特征。例如，历史课程，学生通过阅读历史课本，目的是学习历史知识和历史规律；物理科程，阅读物理课本，目的是掌握物理概念、公式、定律。语文呢？学生阅读一篇课文，虽然也会了解其中的内容思想，体会其情感，但最终指向是语言文字——这一思维的物质外壳，例如字词辨析、遣词造句、连缀成篇等等，这才是语文的根本所在。

写于 2022 年 1 月 19 日

我的教学主张论

一本好书，总是能给人很多启发，引发你很多联想。

读冯卫东的《点亮教育人生的灯——"教学主张"论》就给我这样的感觉。作者有着19年的教师经历，然后走上教育科研道路，这就使得这本书非常"接地气"。虽是教学理论，但一点也不枯燥。作者学养深厚、广采博取、材料翔实，令人信服。书中精彩之处不断，读来令人目不暇接，思想的火花时时被触发。

作者在谈到古今中外的教育观点时说："教学既是一种复杂性存在，而归根到底，又只有若干最高原则。"其实就是说，不管你什么流派什么观点，教育总是有一些原始的、朴素的、基本的原则。诚哉斯言，重新学习古人的言论，总让我想到很多的教学问题。例如《学记》中说："虽有嘉肴，弗食不知其旨也；虽有至道，弗学不知其善也。"从语文阅读教学来说，学生自己阅读才是"食佳肴"，教师的讲解相当于嚼过喂给学生。但是，在现实中，教师不让学生食而包办代替的大有人在。

关于教学主张，我从来没有想过这个问题，冯先生一语惊醒梦中人。是的，教学主张是每个老师都有的，只不过它可能是潜意识的、零碎的，也可能是不太妥当、有点偏差的，但它默默地影响着你的教学行为。笔者认为，教学主张表现在多个方面，可以是教学理念，可以是教学目标，可以是教学方法，可以是教学生态。有的名师用一个主张打响自己的品牌，有的则多达十数个主张。

为什么要提炼教学主张呢？教学主张可以把一些零散的思想碎片凝练自

己的教学思想,从教师个人来说,这是走向专业化成长的必然选择,从一个团体来讲,这是团结奋进的一面旗帜。

冯先生的话让我深思,我的教学主张是什么。说来惭愧,我没有什么独具特色、名头响亮的主张,仅仅就是语文教师常谈的多读多写而已。如果非要起个名字,那就叫作"沉浸式语文教学"吧。当然,多读多写含义太广,概括面太大,在这里我只谈高中语文课堂教学和相关的课外学习。

首先,从教学目标来看,尽管不同的时代,说法各不相同,但内涵是一样的。《语文课程标准》确定了四个核心素养:语言建构与运用、思维发展与提升、审美鉴赏与创造、文化传承与理解,这与以前的教学大纲大同小异。我认为,语言建构与运用是最基本的一条,这是语文学科赖以存在的基础,"普通高中语文课程应继续引导学生丰富语言积累,培养良好语感……"语感才是语文教学的关键问题。一旦学生养成了良好的语言感知能力,他不仅能顺畅阅读、准确理解、规范表达,而且能创造性地理解与运用语言。

顾城有一首诗《远和近》:"你,一会看我,一会看云。我觉得,你看我时很远,你看云时很近。"当年,这些类似的诗,传统的诗人和评论家都理解不了,鄙夷地称之为"朦胧诗"。四十多年过去了,汉语已经发展到可以表达一些非常微妙、非常精微、相互否定的含义了,象征、隐喻、微言大义,在广告词中随便引用,但大家都能看得懂[①]。这就是因为总体上中国人的阅读量上去了,语感比以前好了,创造语言不再是作家、专家的专利,普通大众也可以应用自如了。

培养语感的途径就是实践,要利用一切机会让学生自己动手、动口、动脑。读书时要圈点勾画,及时记录自己的思想火花;精美的句子段落要熟读成诵;要随时插空写点自己感兴趣的文字。总之,是学生亲身参与,不是教师包办代替。

可能你要问,语文老师的作用是什么?答曰:引导学生沉浸在文本中。教师要想方设法地调动学生阅读文本,深入文本,引导学生自己发现,自己

---

① 李洱. 我们为什么要学习语文[J]. https://www.163.com/dy/article/GBC1VH380521JU05.html

感悟，在此基础上，再做概括、提升、拓展。课是需要精心设计的，找到能够纲举目张的几个问题，让学生有兴趣去探求答案；老师是需要耐心的，正如荷兰数学家、教育家弗赖登塔尔所言："泄露一个由学生自己发现的秘密，这是坏的教学法，甚至是一种罪恶。"

培养写作能力，不只靠两周一次的作文训练，更要靠大量的即兴的写作积累。规范的作文训练，练的是"鸿篇巨著"，练的是整篇意识。即兴写作却是情境化的、有感而发的，是亲切的、易于动笔的。这种即兴写作可以是学生自由写的，也可以是教师规定的情境来写的。如学科情境，单元规定的相关主题的写作，从课文中学的某种写作手法；如社会情境，对某些时事、社会现象的评点。要知道，具体情境是新课标一直重点强调的问题，"命题和阅卷原则"第二条明确指出："以情境任务作为试题主要载体，让学生在个人体验、社会生活和学科认知等特定情境中完成不同学习任务，以呈现学生语文素养的多样化表现。"

所以，沉浸式语文教学就是落实课标的要求，课标鲜明地指出了语文教学路径："语文课程应引导学生在真实的语言运用情境中，通过自主的语言实践活动，积累言语经验，把握祖国语言文字的特点和运用规律……"所谓沉浸，从主体上说，是学生沉浸，教师要引导学生如何沉浸；从过程来看，沉浸是沉下去，浸润在文本中，而不是蜻蜓点水、浮光掠影；从效果上来说，是为了使别人的话若出于我的口，使别人的神若出于我的心，目的是培养语感。

工作室的"据于语，游于文"虽然不能完整、准确地表达出我的想法，但基本上反映了我在语文教学上的追求：要遵循汉语言学习规律，多进行语言表达；多阅读，多表达；要依据从课本、文本学到的思路方法技巧，进行相关的写作训练；教师要积极阅读，勇于写作，既是下水作文式的写作实践，又是自娱自乐，对工作生活的记录和反思。对工作室的每一位成员而言，禀赋不同、爱好各异，家庭工作的情况也各有差异，我们不可能整齐划一地提出一个标准，只是希望每位成员立足于自己的实际情况，做一点力所能及的事情，使自己有所进步。水准高的许春蕾、陈修歌可以学习苏州大学实验学校的郭姜燕老师，她是一个儿童文学作家，她的语文教学主张就是"把语文教育当作儿童文学来创造"；她教学创作双丰收，是江苏省特级教师，江苏教学名师，南通市语文学科带头人，作品获得全国优秀儿童文学奖、中宣部"五个一工程奖"。勤奋如刘炼收老师，厚积薄发、文思泉涌，作品有目共睹。

也可能有老师说，你说的可能有些道理，但现实生活中很难行得通。是的，这是个急功近利的时代，学生要的是分数，家长要的是分数，班主任、学校要的是分数。有些学生心也浮躁，很难静下心来读书写作。在数理化大量练习的挤压下，有些学生没有时间、没有耐心去写那些看起来没用的文字。但是，你怎么上课是你自己决定的，你布置的作业是可以选择的——是让学生做大量的习题还是严格检查背诵与写作，这个价值取向是不一样的。退一步讲，你影响一部分学生就行了，因为，无论你用什么办法，你也不可能管得了所有学生。

虽然艰难，但我们仍要奋然前行。

略论古代蒙学中语文教育的优良传统

汉语文教育在漫长的历史中形成了完备的体系，积累了丰富的经验，为我们留下了宝贵的遗产，认真地将这笔遗产做一番筛选、剔除工作，将为我们确认二十一世纪的汉语教育发展方向提供历史参照。就中国古代蒙学来说，自然也是精华与糟粕并存。本文拟从其有益的方面做归纳、探讨。

所谓蒙学，指我国古代针对蒙养阶段的教育设计，其名称源于"蒙以养正"或"养正于蒙"，就是当儿童智慧蒙开之际及时施以正当的教育，或者说，用正当的教育启迪儿童使之健康成长。蒙养教育一般指七八岁至十五六岁的教育阶段，所以既包括了现代小学教育，也包含中等教育的一部分。蒙学教育的主要思路，在汉代已基本成熟，不过在此之前其教育对象仅限于皇族或某些达官贵人的子弟，到宋代才逐步推广到一般庶民子弟之中，到明清更是得到进一步的普及，几乎遍及城乡，成为整个封建教育体系的重要基础。本文所探讨的蒙学，主要以宋以后的各朝代为考察对象，而且拟从整体观之，不再以朝代一一区分。另外，蒙学中教学上重注入不重启发、重背诵不重理解、重训练不重兴趣，其弊端历来为人们所诟病，本文亦不再涉及。我们仅从识字、习字、读书、写作等环节上去探求成功经验，力求对现代教育相应阶段的教育有所启示。其成功经验如果用一句话来概括，即抓住了汉语言的特点和规律。

一、识字教学

识字与写字，从逻辑上讲似乎是密切联系、不可拆分的，现代教育的识字教学也基本上按照这个原理进行操作。但古代蒙学认为，二者学习的难易和顺序并不完全一致。学写字必须从基本笔画、基本字形和基本结构练起，识字却不能完全以笔画的难易、多少来安排，所以古人把识字与写字作为两个独立的教学系统分开，平行组织教学。其目的主要是不让写字影响识字的速度，并进而影响阅读，同时也为了强化书法教育。这是前人对写字和识字学习规律认识的结果，也实在是教学方法上的一大进步。

汉字是一种象形表意文字，表意文字的阅读以识字量的积累为前提，根据这一特点，古人采取了集中识字的办法。王筠在《教童子法》中说："蒙养之时，识字为先，不必遽读书。……能识二千字，乃可读书。"[1]崔学古在《幼训》中也说："凡训蒙勿轻易教书。……识字千字外，方可后法教书。"[2]

在识字步骤上，前人成功地利用了汉字的造字规律，主张先独体，后合体，由易到难。因为汉字的特点是表意性，表意性是以象形为基础的，汉字的象形基础反映着字义与字形的必然联系。尽管隶变之后汉字的象形特征逐渐削弱，但据字形推知字义仍是识记汉字的一把钥匙。在学童认识了独体字之后。按偏旁部首去进一步认识合体字，很容易心领神会。在这方面，清文字学家王筠独有建树，他所编著的《文字蒙求》即用字形剖析法进行教学，不仅提示给学生识字的途径，也培养了学生比较类推的识字能力。

在识字方法上，前人更创造出了很多至今值得人们借鉴的经验。如王筠的正篆书对比楷、隶书，强化了汉字的形象性，由字形而推知字义，更增强了教学的直观性。学生不仅认识了字，而且记住了字义。再如卡片识字，以熟字带生字，像以"文"注"闻"，以"十"注"实"等等，效果亦很好。还有对比识字，即通过形似字、音近字的辨认进行识字教学，通过对比，细细辨认，加深对字形、字音、字义的认识。唐彪在《父师善诱法》中即罗列了292对形近字，供孩童识字之用。

根据汉字的特点和规律进行识字教学的意义，不仅在于提高了识字教学效率，而且有利于培养学生对汉字知其然亦知其所以然的思维能力，激发学

---

[1] 陈学恂主编.中国教育史研究·明清分卷[M].上海：华东师范大学出版社，1995(12)：207.
[2] 陈学恂主编.中国教育史研究·明清分卷[M].上海：华东师范大学出版社，1995(12)：213.

生的学习兴趣，错字、别字的识别原理随之为学生掌握。

二、写字教学

古人习字，不仅有专门的教材，而且有一整套严格的步骤。清人褚人获说："小儿习字，必令书'上大人，孔乙己，化三千，七十士，尔小生，八九子，佳作仁，可知礼'也，天下同然，不知何起。"这些字，笔画简单易学，又包含了汉字的基本笔画，便于打好基础。其习字步骤为：第一步写大字，先描红，描仿影，次写"米"字格，最后才临帖；在大字写得有点基础后，第二步才写小字。对此，张志公先生评论道："不让识字和写字互相干扰，互相牵制；教儿童写字有依傍（把腕、描红、描影、临帖）到无依傍；先大后小；这三条显然是跟汉字的特点相吻合的。"[1]

三、阅读教学

语言是思维的载体，一个民族的思维习惯与它的语言形式是对应关系。与西方民族相比，汉民族思维特征具有整体性、辩证性、具象性。这反映在汉语和汉语文上就是整体包容、映衬变化、以形写意。

整体包容与汉民族思维的整体性相关。西方语言是一种形态语言，语义明确，词形变化有规律，句子结构严谨完整；汉语言则是非形态语言，语义的表达在很大程度上受语境的制约，如词的结合与使用，句子结构的变化。一篇文章或一份语言材料，是一个全面的整体，它既包括语法、修辞、字、词、句、篇的内容，又包含语言文字所负载的文化因素。苏立康先生在评价传统教材《三字经》时指出，"《三字经》的四百多个字结构，几乎包罗了汉语全部最基本的语法结构。这就是说，儿童读了一本《三字经》可以认识一千多个汉字，可以学习许许多多新的知识，可以学习汉语语法（不是语法学，而是指表达中的组合规律），并且为他们日后阅读其他读物（包括浅易文言文）奠定了基础。"[2]

---

[1] 张志公. 传统语文教育初探[M]. 上海：上海教育出版社，1962：38.
[2] 王鹏伟. 汉语文教育传统与汉语教育的民族化方向[J]. 教育研究，1999(01)：23-25.

映衬变化与汉民族思维的辩证性相关。汉语的音节由声母和韵母构成，这样词有双声叠韵之分，诗词有格律之体。汉语的许多复合词和成语的构成采取同义或反义对举的方式，意思有偏指和互训的不同；句子骈偶对应，整散交错；篇章有纵横开阖；语势有起伏跌宕；节奏有顿挫缓急；语调有抑扬曲折。从语音、词汇到句式章法，汉语无不体现出映衬多变的美感。

以形写义与汉民族的思维具象性有关。语言是对客观事物的抽象，但汉语却习惯于用具象的事物去表达抽象的概念。所以，汉语的行文不受形式逻辑的限制，思维过程常常是跳跃的，常以"意会"代替"言传"。

针对汉语的这些特点，古人常自觉不自觉得把语文教育定位于一些基本范畴，如语境、文气、意象、意境，如字词的推敲、句子的整散、段落的展开、篇章的纵横、语音的韵律节奏、语调的抑扬顿挫、语意的轻重直婉；而不去执着于字词的表层意义、句子的静止结构、修辞的格式属类、篇章的逻辑归纳。这种观念落实到蒙学教育上，便是重视整篇诵读，重视熟练积淀。[1]

例如明清时期蒙学的读书教学，大多是学童立于教师案旁，教师先读，学童随之跟读，读至数遍至十数遍，令学童回到座位自读，读至数百遍后，再至教师案前背诵，背诵无误再教新课。每日教新课前，又须将前数日或前数月所读之书，轮流背诵，称"温书"或"理书"。教新书不忘温书，是蒙学读书教学很注意遵守的一个原则。教读过程中，蒙师须教会学童"逐字逐句点读分明"，而且对朗读提出了严格要求：一定要"读得字字响亮，不可误一字，不可少一字，不可多一字，不可倒一字""毋高、毋低、毋疾、毋迟"，不可"兴至则如骂詈，如蛙鸣，兴衰如蚕吟，如蝇鸣"；而且要心思专一，防止"漫浪诵读"，亦不可"牵强暗记"，而是要"大多诵遍数"，使之"自然上口，永远不忘"。[2]

熟练背诵一部分篇目，既能积蓄词汇，学习表达方式和语感，又能加深对书中内容的理解。唐彪在《读书作文谱》之中说："不约，则不能熟；不熟，则作文时，神气机调皆不为我用也。"

---

[1] 苏立康. 立足传统 开拓创新[J]. 首届国际汉语文教育研讨会材料, 1997(11): 12-13.
[2] 陈学恂主编. 中国教育史研究·明清分卷[M]. 上海: 华东师范大学出版社, 1995(12): 216.

另外，蒙学中强调多读书，也是针对儿童的年龄特征。儿童"多记性，少悟性"，正是发挥了儿童"多记性"的长处。陆世仪在《论小学》中说："凡人有记性，有悟性。自十五岁以前，物欲未染，知识未开，则多记性，少悟性。故人凡当读书，则当十五岁前，使之熟读。"①

从以上引用的古人论述看，古人已注意到区别熟读牢记和呆读死记。早在南宋时，朱熹就曾说过"余尝谓读书有三到，谓心到，眼到，口到；心不在此，则眼看不仔细，心眼既不专一，却只漫浪诵读，决不能记，记亦不能久也。三到之法，心到最急，心既到矣，眼口既不到乎？"②

值得一提的还有教材的编写。编写中根据汉字的特点，编成对偶句式或韵语体裁，读起来顺口，听起来悦耳，既易于记诵，又能提高儿童的兴趣。从内容上看，教材的综合性强，涵盖各方面的知识。如《急就篇》全文叶韵，有七言、四言、三言等，包括陈说姓名，介绍丝织、植物、动物、农产、品自然常识、疾病药物、身体器官、乐舞礼器、官职名称等各种杂物品类，真像一部小百科全书。而且，随着理学发展，伦理道德的内容大大加重，如学习为人处事、待人接物的原则，借助历史故事或历史人物的嘉言善行，培养道德情操，增强历史责任感；还通过诗歌辞赋类蒙学教材，进行文辞、情感、美感教育。这对今天的课程编写安排尤有指导意义。著名学者如朱熹直接进行或参与编写蒙学教材，教材质量高、指导性强，如《千家诗》《古文观止》等，至今流传不衰。

四、写作教学

熟练背诵积累一定数量的名篇佳作后，形成了一定语感，写作就有了基础；掌握了一些词汇、句式后，由于字词均在具体的语境中，也便于迁移、应用；对于篇章结构而言，名作嘉文也起到了范文的作用。

现在一提到私塾或蒙学写作，很多人会不由自主地联想到八股文。实际

---

① 李国钧主编. 清代前期教育论著选[M]. 北京：人民教育出版社，1986：129.
② 乔卫平. 中国宋辽金夏教育史[M]. 北京：人民出版社，1994：67.

上，八股文的写作是到了一定程度后为应试而专门进行的写作训练。

  蒙学开始的写作比较符合汉语写作规律，而且也比较注意抒写性灵。蒙学的写作教学一般从属对开始，对句在语音上要求平仄相对，词汇上要求词性相同，语法上要求语法结构相同，修辞上要求修辞手法一致，逻辑上要求讲究概念、分类、比较的逻辑关系，十分严格，这实际上是一种严格的炼字炼句，可谓切实的功夫。由属对到作诗再到作文，每一程序又分为若干步骤，反映了古代写作教学的独特规律。一方面，古代识字教学是从歌谣开始的，尔后的阅读教学是从诗赋开始的，写作教学由属对开始而到作诗，与识字和读诗相配合，基本同步；另一方面，古人作文讲究语言的洗练和韵律节奏，所以从属对到作诗，从作诗再到作文，正可满足这一要求。

  就"属文成篇"而言，"先放后收"是古代文人成功的写作经验，也是历代语文教育专家强调的写作教学原则。开始时，以放为主，鼓励学童大胆写、放手写，以不挫其兴趣和信心。待有了一定的基础后，再要求洗练和严谨，即所谓"收"。宋代语文教育专家谢枋得根据"先放后收"的教学原则编著了《文章轨范》一书，他在"放胆文"引言中写道："凡学文，初要胆大，终要心小。由粗入细，由俗入雅，由繁入简，由豪荡入纯粹。此集皆粗枝大叶之文，本于礼仪，老于世事，合于人情。初学熟之，开广其胸襟，发舒其志气，但见文之易，不见文之难，必能放言高论，笔端不窘束矣。"[1]王筠也曾说："作诗文必须放，放之如野马，踢跳咆嗥，不受羁绊，久之必自厌收束矣。此时加以衔辔，必俯首相从。"[2]与"先放后收"相联系，古人提出了"少改多就"的批改原则。王日休在《速成法》中说："若改小儿文字，纵做得未是，亦须留少许，不得尽改。若尽改，则沮挫其才思，不敢道也。直待作得七八分是了，方可尽改作十分。若只随他立意而改，亦是一法"。从这两个原则可以看出，前人重视唤起并保持学生的写作兴趣，注意发展学生的独立写作能力。

  综上所述，蒙学中使用的教学原则和教学方式针对汉语文教育的特点，

---

[1] 毛礼锐主编. 中国教育通史(第3卷)[M]. 济南：山东教育出版社，1986：253.
[2] 李国钧主编. 清代前期教育论著选[M]. 北京：人民教育出版社，1986：484.

体现出汉语文教育的独特规律,是成功经验的积累。站在二十一世纪门槛上的我们,如何面对新时代的语文教育?如何解决"工具"和"文化载体"的关系?对于中小学语文教育来说,传统蒙学中的做法恐怕对我们不无裨益。

(本文发表于《浙江工商职业技术学院学报》2002年4月)

在激情生本课堂教学中培养创新能力

摘要：课堂是教学的主要阵地，培养创新能力应是课堂教学不可忽略的任务。实施激情教学、生本教育是培养创新能力的前提，教师要积极转变观念，在教学的各个环节激发学生好奇心和科学的怀疑精神，培养质疑问难的创新意识、善于发散或批判的创新思维。

关键词：激情　生本　课堂教学　创新能力

习近平总书记指出："创新是一个民族进步的灵魂，是一个国家兴旺发达的不竭动力，也是中华民族最深沉的民族禀赋。在激烈的国际竞争中，惟创新者进，惟创新者强，惟创新者胜。"《国家中长期教育改革和发展规划纲要（2010—2020年）》指出："高中阶段教育是学生个性形成、自主发展的关键时期，对提高国民素质和培养创新人才具有特殊意义。"《普通高中课程方案（2017年版）》中提出的高中生培养目标之一是："敢于批判质疑，探索解决问题，勤于动手，善于反思，具有一定的创新精神和实践能力。"可见，无论是国家政策还是教育实践，都把创新当作一个非常重要的问题来看待。高中阶段是有效提高学生创新意识、创新精神和创新能力的关键期，在当前深化教育教学改革的大背景下，如何在课堂教学这一主渠道中实施创新教育、培养创新人才，是一个非常值得探究的问题。我校借鉴成功经验，结合本校实际，进行了一些尝试和探索。

一、高中生应具备的创新能力

目前学术界对创新能力的定义很多，还没有形成一个统一的定论。张春兴认为，创新能力是一种综合能力，它不仅是一种智力特征，更是一种价值特征，一种精神状态，它具有多元结构性，包括创新意识、创新思维、创新个性等。刘东红认为，"创新能力是指一种可以帮助人们打破对事物的固定认知和思考，能够从新的方向和新的角度来思考问题并且探索和挖掘出事物的潜在价值、潜在用途和新知识空间的能力"[①]。布拉德·霍坎森教授强调，创新虽然是人与生俱来的一个能力，但单从个人角度去诠释其内涵会以偏概全。他认为创新能力不是自主产生的，而是个体经过后天的能力发展以及团队合作，与社会文化环境互动的一个结果[②]。我们认为，普通高中生应具备的创新能力，是一种创新的潜在素质，具体表现为强烈的好奇心、科学的怀疑精神、质疑问难的创新意识、善于发散或批判的创新思维。

二、培养创新能力的前提是建立激情生本课堂

学生的创新潜质是需要挖掘与培养的，宽松、激情、民主、自由的课堂气氛是拓展学生思维的前提条件，容易使得学生乐意学、善于思、敢于想、勇于新，形成探索与创新的愿望和性格特征。心理学的相关研究显示，当一个人处于激情状态的时候，会处于一种亢奋的状态，能够展现出生命的最大张力，可以最大限度地提高工作和学习效率。激情能在很大程度上增强人的自信心，也能在一定程度上激发灵感。好的课堂应点燃激情、激发兴趣、感染思维、激活灵感，注重学生创新能力的培养。

苏霍姆林斯基说："人的心灵深处，总有一种把自己当作发现者、研究者和探索者的固有需要。"[③]华南师范大学郭思乐教授较早提出了生本教育思想，他认为，教育的基本源动力是学习者自身的潜能与天性，而教育的本质则是

---

① 刘东红. 浅谈物理教学与创新思维教育[J]. 中国教育发展研究，2009(07)：31-32.
② 翟雪松，胡永红. 创新能力的内涵、测量与培养——访美国教育传播与技术协会前主席布拉德·霍坎森教授[J]. 开放教育研究. 2008(10)：4-10.
③ 苏霍姆林斯基. 苏霍姆林斯基选集[M]. 北京：教育科学出版社，2001：85.

促进人自身的成长,教学的本质就是帮助人学习①。学生的自我唤醒、自我引领与自我指导是教育的最高境界和永恒追求。要重视学生的自觉教育,挖掘学生自身潜力,采用先学后教、以学定教、多学少教等教学方式,培育生本课堂。

教师要利用多媒体创新各种情境,充分调动学生多种感官,激发学生学习的兴趣,好奇心是激励人们进行创造的内部动力。要善于设疑启思,"学起于思,思源于疑",小疑则小进,大疑则大知。要培养学生的问题意识,问题意识是思维的动力,是创新的基石;要激发学生积极地思考和探索,鼓励学生主动表达自己的见解。

三、在各个教学环节中培养创新能力

为便于操作,易于实施,我们对课堂教学设计了流程,老师们可在不同学科不同课型中选择使用。激情生本课堂在教学流程上共分为六个环节,分别为:对标导学、自学静悟、合作学习、展示分享、点评精讲、检测达标。

对标导学,即对照课堂学习目标设计导入或导学。各学科结合自身的特点,可采用图片、故事、问题等不同的形式进行导入,精彩的导入可以吸引学生的注意力,激发学习兴趣,通过调动其好奇心,进而激发学生的思维火花,激发学生的求知欲和学习激情。"导学提纲"的设置要具有启发性、引导性,启发学生对问题的思考,激发学生的质疑精神。

自学静悟,这是一个设疑与导思的过程。设疑与导思是培养学生创新思维能力的关键。教师通过设置问题,引导学生独立思考,整个过程营造出一种宽松的学习氛围,让学生在这种氛围中自主学习,在思考的过程中自己发现问题,并思考问题。发现问题是创新的前提,古往今来,很多重大的发明创造无不是从质疑、发现问题开始的,应从解疑入手。同时,在自主学习的过程中发现问题也会在一定程度上进一步激发学生的兴趣。

合作学习,让学生在自学静悟的基础上与组内的其他同学相互交流,为他们搭建一个开放性的交流平台,创造出一种探讨的空间,营造出一种敢说

---

① 郭思乐. 变控制生命为激扬生命的教育[J]. 中国教师,2006(01):9-10.

敢想的氛围。良好的教学氛围是学生创新思维发挥与创新能力培养的重要心理环境，学生在这里畅所欲言、集思广益，能发散思维，撞击出思想的火花。合作学习还能促进学生间的优势互补，培养学生间相互合作的能力。

自学静悟、合作学习让学生成为课堂的主人，体现了以生为本的教育思想，能充分调动学生的主动性和积极性。学生在一个平等、民主、自由、宽松、活跃的学习环境下，也更能激发出学习潜能和创新思维。

展示分享。通过展示，让学生表达出自己对问题的思考，树立其自信心。创新源于发现问题，敢于质疑真理、质疑他人的观点。通过质疑，让学生敢于对与自己不一致的思想或观点提出质疑，培养学生质疑精神，敢于表达自己的观点，进而敢于创新。要让学生在自由宽松的氛围下，做到敢说、敢问、敢答，这对学生的创新能力的培养有较大的帮助。

点评精讲：教学评价是教学管理的重要一环，可以通过适度的点拨与强调让学生有一个明确的方向。

检测达标：教师应采用灵活多样的形式，多安排一些开放性、有层次性的题目，以不同形式的考试检测学生，通过检测给学生一个学习的反馈，让学生认识到自己的存在的不足，查漏补缺，促进学生的积极性，进一步激发学生的求知欲，更有利于其创新精神的培养。

原则上，这六个环节是一个循序渐进、逐层递进、环环相扣的关系，但在实际的教学实践中，由于各学科的特点及课上所授课型的不同，这六个环节又并非需要在每节课堂上都完整地呈现出来。我们认为，一堂课如果能真正地做到让学生独立思考，在最大程度上调动起学生的主动性和积极性，激发其创新意识、创新思维，这堂课也是一节成功的课。

【本文系 2018 年度中国教育战略学会教育教学创新专业委员会规划课题"基于创新能力培养的高中激情生本课堂教学实践与研究"（课题批准号：20181113）阶段成果，本文 2020 年 7 月发表于山西三晋报刊传媒集团《教育》第 606 期】

基于情境、问题导向的高中课堂教学实践探索

2019年6月，国务院办公厅发布了《关于新时代推进普通高中育人方式改革的指导意见》，明确指出，"要深化课堂教学改革""积极探索基于情境、问题导向的互动式、启发式、探究式、体验式等课堂教学。"什么是情境？什么是问题？如何在课堂教学中落实这些要求？我们对此做了一些探索。

一、情境概念辨析

"情境"这一概念最初是美国实用主义教育家杜威提出的，他针对传统教育的弊端，提出了"确定问题情境—提出解决方案—收集资料验证假设—得出结论"四阶段观点[1]。他认为学生的学习不应该是被动接受知识的过程，而应是主动发现的过程。这与建构主义的观点也密切相关，建构主义认为，学习是学习者主动建构知识的意义的过程，这一过程往往在一定的情境中产生。

国内关于情境教学最具有代表性的人物是李吉林老师。她认为，教师要有目的地引入或创设具有一定情绪色彩的、以形象为主体的生动具体的场景，以引起学生一定的态度体验，核心在于激发学生的情感[2]。所以她的情境概念更多地侧重于一种情绪，即移情唤起学生的情绪，将自己的情感移入所感知的教育教学内容中的人、物、事件或景物上。

我们认为，国家倡导的"情境"与上述阐述有所不同。2017版的语文课标这样阐述："真实、富有意义的语文实践活动情境是学生语文学科核心素养形

---

[1] 约翰·杜威. 民主主义与教育[M]. 北京：人民教育出版社，1990：49-62
[2] 李吉林. 李吉林与情境教育[M]. 北京：人民教育出版社，2007：3-6

成、发展和表现的载体。语文实践活动情境主要包括个人体验情境、社会生活情境和学科认知情境。个人体验情境指向学生个体独自开展的语文实践活动，如在文学作品阅读过程中体验丰富的情感，尝试不同的阅读方法以及创作文学作品等。社会生活情境指向校内外具体的社会生活，强调学生在具体生活场域中开展的语文实践活动，强调语言交际活动的对象、目的和表达方式等。学科认知情境指向学生探究语文学科本体相关的问题，并在此过程中发展语文学科认知能力。"

数学课标指出："情境包括：现实情境、数学情境、科学情境""数学问题是指情境中提出的问题，从学生认识的角度分为：简单问题、较复杂问题、复杂问题。这些层次是构成数学学科核心素养水平划分的基础。"

从以上摘录可以看出，课标中的情境都指向学生学科核心素养的培养；所以此处的"情境"不同于一般的"情境教学法"中的情境，它指的是学习者在理解、掌握知识过程中所依赖的前提条件和背景。本文归纳为三个特点：（1）"情境"首先要符合学科知识的学习规律，在科学的逻辑框架下创设学生接受知识的环境；（2）"情境"要符合学生的心理特点和认知规律，要调动学生积极参与到情境学习中；（3）"情境"要具有可迁移性，它应该是社会大环境的缩影，能够让学生在某一问题情境中学习到的知识技能在特定条件下转换为应对社会生活的技能。

二、情境和问题

情境和问题是一对成对出现的概念，情境是问题呈现的背景，可以更好地帮助学习者理解问题的含义并解答问题。"基于情境问题导向的课堂教学"就是通过创设恰当的情境，设计有导向性的问题，让课堂教学的思路更集中、更深入，提高课堂教学及学生学习的有效性。

"以问题为导向"中的"问题"不是一般意义上的师生封闭性问答，它的问题情境往往具有复杂性、解题思路多元化，需要学生运用分析、综合、评价等高级思维能力加以回答。以问题为导向的教学更注重问题的有效性，教师是问题设计者，通过设计高质量、有牵引性的核心问题，引导学生在解决问题的过程中提高学习积极性，获取知识与能力。它可以改变传统的以教师讲授为主的单向灌输,充分发挥课堂活力,因为教师在设计问题时需要考虑学情、知识特点、课堂预设等问题,提高问题的质量,更多地关注学生接受能力,体现"以学生为中心"。

(一)基于情境、问题导向的课堂教学环节探索

课堂以情境和问题导入,仅仅是课堂变化的起点。我们的目的是变革课堂教学方式,打造互动式、启发式、探究式、体验式的课堂。我们尝试将课堂分为六个环节,在前四个环节中落实不同要求,第五、第六个环节属于总结和检测,不涉及情境和问题导向,不再阐述。这六个环节分别是:对标导学、自学静悟、合作学习、展示分享、点评精讲、检测达标,教师可以依据这些环节,根据不同学科、不同课型灵活使用。

1. 对标导学与情境、问题创设

对标导学即在新知识学习前为学生提供一个知识导入的铺垫环节。建构主义学习理论认为,学习的过程就是学生主动建构知识意义的过程,学习即将新知识与头脑中的旧知识产生有机联系。"对标导学"环节就是为学生知识的建构提供一个恰当的情境,这一情境包括心理准备和知识准备。心理准备是指学生积极主动地把新学习的内容与认知结构中已有的知识加以联系的倾向性,即创造一种积极主动的学习状态。知识准备是通过在正式学习前为学生提供一些有助于理解新知识的材料、问题情境等,引导学生的思路,唤醒学生头脑中与新知识相关的知识储备,从而更好地促进新旧知识的联结。创设情境的方法有:借助实物和图像、借助动作、借助语言、借助新旧知识的联系、借助"背景"、借助问题创设。

2. 自学静悟与探究式学习

自学静悟即结合课堂教学的目标,借助"对标导学"部分提供的情境及知识基础,学生自主思考、探究本堂课的重点内容。在自学静悟过程中,教师不过多干预学生的思考过程,强调学习过程的自主性与探究性。但同时,教师又在主导或引导着学生主体进行学习,因此自学静悟过程中的探究性不同于学生自发式、盲目式的兴趣探究。

3. 合作学习与互动式、启发式学习

小组合作是学生在自学静悟的基础上结合自己的思考结果与同伴进行合

作学习。在与同伴分工合作、讨论交流的过程中积极互动，分享观点，提高学习与参与的积极性，碰撞思维的火花，促进学生间知识的互相启发与补充。在小组合作中，通过任务的分配、整合，成员间的竞争与互助，可以很好地提高学生积极性增强学习动机。

4. 展示分享与体验式学习

在小组讨论的基础上，学生可以综合组内观点以恰当的形式与全班展示分享。例如在进行物理、化学实验时，可以在学生自主学习的基础上，为学生提供实验操作及讲解的机会，在语文课堂中可以让学生分小组进行角色扮演朗读等，在展示的过程中，学生既是学习者也是讲解者，以不同的视角与方式分享自己的学习成果，在实际参与的过程中让自己真正成为课堂的主角。

四、基于情境、问题导向的课堂中对学生的评价

不同的教学模式下，评价发挥作用的途径也是不一样的。对于情境问题导向式的课堂教学，教学评价也应当选取与之相适应的方法。如果依然采取传统的侧重结果与纸笔测试的评价方式，那么情境的重要性及作用就会被削弱。建立与基于情境问题导向的课堂教学相适应的评价方法，应采取多样化的评价方式。如果不变更传统纸笔测试的评价方法，那么就无法真正地落实情境问题导向的作用，也无法很好地评价学生在课堂中的表现。它不同于追求甄别与选拔的终结性评价，而应该是对课堂教学起到反馈调整作用、能对学生学习起到促进作用的过程性评价。

英国评价专家布莱克以及美国评价专家斯蒂金斯曾提出"促进学习的评价"，它是一种与课堂教学同步的、镶嵌在教学过程中的一种评价：师生在教学过程中通过收集即时的信息来对教学及自身进行评价反馈，进而做出改进[1]。在基于情境问题导向的"互动式、启发式、探究式、体验式"教学方式中，我们应采取促进学习的评价方式，如表现性评价。表现性评价是指"教师让学生在真实或模拟的生活环境中，运用先前获得的知识解决某个新问题或创造某种东西，以考查学生知识与技能的掌握程度，以及实践、问题解决、

---

[1] 郑东辉. 促进学习的评价：教师的策略[J]. 教育与评价, 2008(10): 25.

交流合作和批判性思考等多种复杂能力的发展状况",这与我们的"情境式"的教学设计相呼应。在具体操作上,教师可以结合不同学科设计具体的评价策略,包括观察和提问法、观察量表法、作品展现法和档案袋法等,来评价学生在课堂上的学习状态和行为。

五、对基于情境、问题导向的课堂教学的评价

为观测、了解教师落实课堂教学变革的情况,我们设计了课堂观察量表,收集课堂中师生的表现信息,从而对课堂进行反馈调整。在基于情境、问题的学习活动中,学生的参与度、互动度以及探究能力、体验感都是我们应该关注的内容。如表1所示。

表1 基于情境、问题导向的课堂教学评价表

评价项目	评价内容
情境设计	是否符合学科知识的学习规律
	是否符合学生的心理特点和认知规律
	是否具有可迁移性
问题设计	是否符合学科知识的学习规律
	是否符合学生的心理特点和认知规律
	是否具有启发性、导引性
互动度	生生、师生之间能否积极互动、交流
	学生间是否具有竞争与合作精神
启发性	课堂提问是否具有启发性
	教师能否根据学生回答加以引导启发
探究能力	学生是否具有探究的积极性、主动性
	学生对于问题是否具有质疑思考能力
	学生能否恰当运用已有材料解决问题
体验感	课堂中是否能够给学生提供展示自己的机会
	学生能否在展示的过程中获取知识与评价反馈

(本文2020年9月发表于山西三晋报刊传媒集团《教育》第615期)

如何让校规服务现代学校治理

学校是青少年学生群体学习和生活的地方，为了有效实现教育目标，合理规范学校、教师、学生的种种行为和各类关系，几乎所有学校都有一套自己的行为规范或规则制度，这就是学校的校规。党的十九届四中全会明确提出"推进教育治理体系和治理能力现代化"，校规作为现代学校制度的主体，本身就是教育治理体系的基础组成部分，随着教育法治化进程的推进，对于校规本体的育人性作用提出了更专业的标准和更细致的操作性要求。

一、校规制定需警惕"管理本位"

近年来，我国教育事业在规模和质量上都取得了巨大成就，但面对多样化的教育需求，现代学校制度仍需不断完善。在多样化的教育管理实践中，表面绩效主义、个别奇怪的校规并不罕见，对于教育善治导向的教育治理体系建设是极大的挑战。比如盛行的"德育学分制"、一日常规的积分制等各类完全数字化的校规，通过加分、扣分的积分模式来规范学生各种行为，在班级之间、学生之间展开量化评比，等等。这些看似科学，实则为管理绩效主义，效果往往适得其反，将育人本位颠倒为管理本位，强化死板的管理模式，固化学生的刻板行为，泯灭创新的灵性和奔放的个性。高等教育领域年年"扎眼球"的"大学排行"、岁岁揪人心的"绩效排名"，让本该服务大学学科专业发展、服务各类学校师生成长进步的学校规则体系，完全瞄准服务数字排名的量化指标。用貌似科学的赋分体制、简单武断的指标体系组装起一套考核评价制度，改变了服务教师专业发展、师生教学相长的校规初衷，变成了切割创新意念、碎片化教师工作时间的制度工具。

针对一些教育领域的热点、难点问题，比如容易引发舆论争议的规范男女生交往规则及中学生早恋问题，影响亲子关系、异化师生关系的学业负担和手机使用问题，大学生游戏成瘾、自我健康管理能力缺失等，校规制定多体现出滞后于技术时代、疏离于专业化管理、纠结与惶恐于表面的"救急救火"，各类校规整体上表现出"铁路警察——各管一段"的管理格局。

二、校规的终极目的应回归"育人本位"

发展是解决问题的途径，大胆尝试是创新的启蒙。各类校规都是对教育现代化治理的呼唤和努力，校规制定者需要保有良善的初衷，在规则的制定、执行和反馈中实现师生的正向发展和事业的螺旋式上升，让校规服务现代化学校治理的善治之路，这是校规建立和完善的方向。由此，笔者有以下建议。

首先，要回归以文化人的育人型校规。校规是文化育人、价值观培养的重要载体，基于管理绩效主义的校纪校规与立德树人的宗旨背道而驰。校规表面是规则体系，内涵彰显的实际是学校文化。已有的教育实践中，多数校规都是出于方便管理的初衷，但保证秩序并不是学校教育的根本目的，而仅仅是手段或者是基本前提。合理化的校规可以保证秩序井然，除了工业化时代的生产线和流水线，没有人证明秩序是学生获得个性化发展的根本原因，结论甚至是相反的。管理本位强调秩序至上，学生本位注重学生个性化的内涵发展，二者之间存在张力。当下，以学生为本的理念，逐渐为学校管理者所接受，多数中小学明确提出"以学生发展为本"的口号。所以，校规的终极目的应该回归到以文化人、立德树人的轨道，强调规则的文化内涵和秩序的价值指向，让师生从文化上接受校规的精神内涵，力求内化于心、外显于行。

其次，要弘扬法治精神的善治型校规。良好的校规应当既明晰师生权利的来源和边界，又要说清楚师生义务的性质和层次，尤其要使学生明确把握基于法律基本要求的校规，让各个阶段的学生逐渐形成对法律强制性校规的敬畏感。近年被定性为校园欺凌的案例，多数都是违法行为，个别甚至触犯了《刑法》，法律条款规定的14岁、18岁等年龄节点，是制定校规必须遵循的红线。涉事学生往往不知深浅、不知轻重，对行为后果缺乏客观的认知和判断，相关家长也持有"他(她)还是个孩子"的巨婴式观点。对"法无禁止"但属于学校倡导的积极要求，也要让学生了解并遵守。没有规矩，不成方圆。校规是"小规矩"，要在"大规矩"的框架下细化和延伸，需要分层分类对"大规矩"进行解读和落实。"大规矩"，一般指国家层面的《宪法》《刑法》等相关法律法规。即便是学校想根据校情和管理实践出台一些细则，也应当充分发扬民主，倾听教师及学生的呼声。违背法治精神、不顾教育规律、忽视基本常识地"创新"校规，既是过度行政化的表现，也是对教育治理现代化的倒行逆施。

现代学校治理的根本之举是建立现代学校制度。中小学生是未成年人，需要家长的监护和配合，但同时也需要清晰界定学校教育和家庭教育的责任边界。大学生经济上虽未独立，但在法律和人格层面上已经独立，针对部分高校学生管理的"各类处罚"和"约谈家长"等"中学化"管理现象，需要理性地分析原因和客观地规范管理制度。各级各类教师和学生不仅是被管理的对象，也是管理的主体。服务教师专业发展，引导学生从他律走向自律，培养学生的自律意识和自我管理能力，是善治型校规的根本目的。

最后，要精准分类校规的导向和内容。要明确校规与法律的关系，引导校规与家风家教形成良好的互动。不得僭越学校教育与家庭教育的关系，避免异化学校教育与社会教育的本质，三者之间需要清晰的界限和责任划分。法律是底线，校规是专业化约束，要让青少年对守法与守规产生敬畏和认同。引导学校因材施教，认同并践行"校规服务学生发展"的价值导向。不同学段有不同的重点：小学段校规以保障学生身体健康为基石；中学段校规以规范培养学生健康行为为精要；大学段校规以涵养学生健康管理、勤学自律的健康精神为导引。

校规内容应全面回归到育人本位，用系统性视角统筹不同学段的教育管理，以人为本服务学生在校的生命历程。建议从三个方面去规范和引领：一是以校规引导学生处理与客观物质世界的关系，引导学生驾驭自己对物质的认识和欲望，培养正确健康的消费观念，形成新时期改造和驾驭客观物质世界的新劳动观；二是以校规引导学生认识自我、科学处理与自身的关系，包括悦纳自己和自我认同，认识自己的个性并具备情绪控制能力，好的校规能够引导学生逐步形成自我定位和自我管理；三是以校规引导学生学会与他人和社会的沟通与合作，通过形成客观自洽的定位、家庭观念，进而推己及人，学会用同理心思考与尊重他人，学会与不同个体和群体及机构交流与合作，逐步具备爱与被爱的能力，最终形成正确的社会认知和国家意识，在与国家同向而行的过程中实现个人意愿。

（作者单位：杨玉春，北京师范大学教育学部；高月峰，山东省日照第一中学）

（本文2020年2月发表于光明日报出版社《教育家》第210期）

实践探索

依据课本，每课一练
——中学作文教学新探

作文教学，是中学语文教学的重要内容，也是教学中的一大难点。近年来，语文界基本上形成了这么一种看法：多读多写，这反映了作文教学的基本规律。但对"读什么，写什么"仍然见仁见智。一年来，笔者对"多写"进行了一点新探索，现做一初步总结。

一、课题的提出

目前中学一学期八篇作文，教学中比较重审题、立意、选材、剪裁、布局谋篇等写作要领，平时的作文指导，也大多从这方面着眼。这虽然是必要的，但只这样做，要提高作文水平是远远不够的。首先是数量太少；其次，作文是一个综合性的系统工程，它还与一个人的作文基本功（指一个人体悟感情、联想和想象、文字表述等能力）密切相关，因此，必须依靠多写来提高作文素质。这种"多写"如果仅靠增加作文数量，势必增加师生负担。而且光是命题作文很难调动起学生的积极性，也得不到学生的认同；如果用日记来补充，由于缺乏指导，而且又非每个学生都能坚持写，所以又不统一。基于以上认识，笔者认为，我们只能从课堂中"挤"时间，仿照课文，每课一练，集中有序地进行指导，日积月累，逐渐达到提高作文素质之目的。

二、理论依据

（1）从教材的编排看，课本的编辑比较注重写作和课文阅读教学的结合。

在编辑说明中，编者就明确指出：一、着重建立现代语文读写能力训练序列；二、单元教学要点，主要从阅读和写作着眼；三、写作基本能力训练同文体知识相结合，同阅读尽量配合。所以，应努力配合课文设计作文训练题。

(2)中学生学习写作，同作家创作不同，更多的是从模仿范文开始的，从模仿中逐渐学会独立写作，这是必然的学习过程。朱熹认为："古人作文作诗，多是模仿前人而作之，盖学之既久，自然纯熟。"所以，依据课本仿写，便于学习写作。

在这里，笔者还想谈谈如何看待教材的问题。近几年，随着高考试题中课本内容所占分量的减少，人们越来越淡化教材；但无论如何，教材作为"样本"，具有高度的思想性、艺术性、典型性，这是无可否认的。加之，选编的课文符合中学生的认识水平和知识结构，易于被学生消化吸收，所以，它们也比别的文章更有益于借鉴。

三、课题设计

所谓依据课文，就是以课文为范文，每学一篇课文，都要找出很具特色的地方进行仿写。所谓勤写多练，就是每一节课，都抽出10～15分钟，进行微型作文训练，即把作文训练成为每节课的一个环节。仿写内容可以是结构，可以是课文内容，也可以是表现手法。仿写的字数，大多在40～100字（写作时间，以五分钟为宜，一般不超过八分钟）。写完以后，学习小组内互相交换，推选优秀作品来宣读（每次读两名同学的作文），师生共同评议；各人写出自己文章的不足（或互相批改），以便课后改正（此过程也占五分钟左右）。

四、实例展示

[例一]高一开学初，补充教材《毛泽东、周恩来的衣食住行》第一节

……以上咱们学了细节描写，其实日常生活中有很多这样的现象。"粗心""细心"（板书）大家经常遇到吧，你能不能在五分钟之内用40～100字把它表现出来呢？

五分钟后，仅八名同学举手，一生："放学了，我马上跑出教学楼，急急忙忙跑到车棚，找到我的自行车，回头看，同学们已远远落后于我，我得意

地调转车就走，咦，怎么走不动？原来，没开锁。"

笑声。

"很好，请坐，在这么短的时间内，写出这么精彩的故事，但是，同学们想一想，这是不是细节描写？"

一生："这好像是叙述，不是描写一个细节。"

"很好，刚才这个同学的回答一针见血，细节描写应是描写，不是叙述过程，请大家互打批语，再琢磨一下课文，课后再改。"

第二节，上课检查修改情况。同学们推选出朱艳萍的《C.C小记》。

C.C擦桌子耗费时间太多。你看：先用湿抹布抹掉桌上浮尘，而后再用干布抹一遍，这样上上下下，左左右右，前前后后，干干湿湿，要重复好几次。更有甚者，瞧，他又发现桌缝里有灰，便使出他的看家本领——尖刀挑布抠灰法。呶，C.C用一片刀片挑起布头，用两只手捏紧，慢慢地，小心地，对准桌缝插下，而后右手摇动手腕，另一只手不断抽出已脏的部分，使每次摇动手腕的同时都能让桌缝中接触到干净抹布，这样一分……二分……三分……直到抹布每个部位都或多或少地有了"战绩"，而后C.C再找一块新抹布把刚才沾上手印子的地方再重新抹去，这才心满意足地舒口气，又清洗抹布去了。

[例二] 第一册《景泰蓝的制作》

第一节………以上大家了解了景泰蓝。现在假如你是词典的编者，请你给景泰蓝下一定义。假如你又是一个导游，请你给外国游客介绍景泰蓝。

（答案略）

第二节：现在我们都能从课文中找出说明方法，如果我们反过来，给你一件物品，要求你用几种说明方法去写，你能否写出来？下面请用三种以上的说明方法介绍你的课桌。

从以上的示例可以看出，依据课本的写作，方式多种多样，较为灵活，再如学完《我的空中楼阁》，我让学生仿写教学楼前的雕塑，从不同角度去观察；学了议论文，可让学生列论证结构。高一一年来，已训练了细节描写、以小见大、夹叙夹议、灵活运用说明方法等专题。当然，学生的目标达成不会一蹴而就，但我通过反复训练某专题，不断强化，最终取得了较好效果。

五、试验效果

一年来的实验表明，效果是显著的，它主要表现在以下几点

(1)微型作文训练数量多，有课文做范例，目标明确，便于学生学习和语文教师集中指导，所以收益明显。一学年下来，每个学生基本用完了两个大本子，现在多数学生提笔能文，语言较得体、文笔通顺、流畅，基本功好了，大作文水平相应提高。

(2)提高了学生写作兴趣，养成了写作习惯。从前学生作文，思想上常背着个包袱，为文造情，无话可说，视作文为畏途。微型作文的训练，由于取材广泛、贴近生活、篇幅不长，让学生觉得原来作文如此容易，极大地提高了写作兴趣，大多数同学基本每天一篇，星期天也不例外。

(3)减轻了师生负担，而信息量大。从学生方面看，微型作文训练量大，但基本在课堂上，并没增加学生的课业负担，同时学生的互相交流，既批阅了别人的作文，也提高了自己的水平。从老师方面看，集中训练、集中指导，无须辛辛苦苦地"搬山"。从作文教学的系统看，由于信息的输出、输入、反馈和评价等形成了整体信息网络，特别是反馈及时，所以效果良好。

(4)加深了学生对课文内容的理解。要想学习课文的写法，学生必须先对它有一个较为深入、透彻的理解，这客观上促使学生进一步理解课文。

(5)提高了写作效率，强化了学生快速成文的能力。应该说，学生的作文速度是逐渐加快的，刚开始时，多数人不适应(如示例一)，一学年下来，大多数同学已能提笔成文。

(本文收入李震主编的《全国青年教师中学语文论集》，语文出版社，1996年10月版)

浅谈今年(2000年)高考语文命题的得与失

7月7日,高考作文在人们的翘首期盼中终于撩开了神秘的面纱。一睹芳容后,人们明显感觉到:今年的作文走的仍是去年作文的路子,只不过做了微调;在内容上,它迎合当前教育的热点问题——创新教育。

1999年的高考作文以全新的形式,给人们以耳目一新的感觉。命题者给作文以相当少的限制,从主题到体裁,开放性特别强,给考生以极大的发挥空间,因而涌现了不少佳作,赢得了专家和考生的赞誉。然而,也正因为它的全新,也招致了一些批评:主要是说记忆移植这个话题太前卫,学生缺少必要的背景知识,导致作文随意夸张,不着边际;再就是远离学生生活,学生只能胡编乱造。今年的高考作文显然是在吸取了去年的经验教训的基础的进一步修正。首先是考题注意贴近学生,贴近生活。材料提示说:"在生活中,看问题的角度、对问题的理解、解决问题的方法以及问题的答案不止一个的事例很多。你有这样的经历、体验、见闻和认识吗?"很明显,它就是要引导考生去写自己亲身经历的事或与自己生活环境密切的事,以避免脱离生活实际的泛泛而谈,一改去年作文全靠想象或思辨来写作的情况。其次,审题难度继续降低,今年可以说几乎不存在审题干扰,材料含义通晓易懂,而且,命题者还特意提醒考生:"这个话题的范围是很宽泛的"。再次,对于去年作文反响较好的一些方面,今年继续采用。如命题者仍以一篇大作文代替以往的大小两篇,这样可以使考生有充分的时间去构思、写作,在较充裕的篇幅中展示自己的才华,避免了构思的紧张及篇幅限制;同时,由于体裁不限,考生可以依据自己的情况，去选择自己擅长的文体，更好地表达自己的思想。

尽管如此，笔者以为，今年作文命题仍有许多不尽人意之处，最为明显的是没有处理好话题和主题的关系。表面上它没有规定写作主题，而且还明确提示："请以'答案是丰富多彩的'为话题写一篇文章。""这个话题的范围是很宽泛的，只要与学生的这道题引发的思想感受有关，都符合要求。"然而，当我们综合分析材料内容及命题要求时，就会看到，材料的话题其实就是作文的主题，因为从这个内涵明确的材料中你很难中提炼出别的思想，不可能脱离"答案是丰富多彩的"这个大前提，所以话题和主题的关系不是相关性，而是统一性。从这个意义上说，材料看似开放性强，实际上是对思维的定向，对思路的限制。我们不妨再看一下1999年高考作文。考生的文章只要与话题"记忆移植"有关就行，至于通过写"记忆移植"你发现了什么道理，那完全是你的认识问题。所以考生有的评论记忆移植的是非，有的批判好逸恶劳，有的歌颂勤奋在个人成才中的作用……总之，它放飞了考生的思想，主题才呈现多样化。

有人认为，今年高考作文考查了考生的创新思维，对此，笔者不敢苟同。这则材料的确传递给考生一种关于创新意识的认识，即事物是多元的，我们完全可以不必拘于一端；然而，它又仅仅灌输给考生这么一种认识，考生在作文中很难进行思想的创新和思维的发散，他们只能用各自不同的经历或体验去印证这个认识，即真理多元化。这是复制思想，绝非创新！什么是创新？对考生而言，虽然也可以是表达方式的创新，但恐怕主要是思想认识方面的创新——每个人自由地思考，人们对同一事物的认识才会是多层次多角度的，在主题基本限定的前提下，学生有多大的思想空间去创新呢？何况，评分标准中赫然列着"切合题意""偏离题意"等四个等级的要求，这足以让考生琢磨半天，谁敢冒着偏题的危险去创新？只能在材料圈子里打个转算了。

当然，高考作文考查的方面很多，如思想水平、思维能力、语言表达、谋篇布局等，不能苛求它每次均要考全所有方面。然而，在提倡创新教育的今天，高考作文仅仅机械地灌输一种创新意识，在具体操作上却难令考生创新，不免让人啼笑皆非。

(本文2000年8月发表于《语文教学之友》第224期)

发展性语文教学的探索

导言

　　人类已进入二十一世纪，这是一个知识经济的时代，是一个高度智能化、高度信息化的时代，是一个迅速变革的时代。现代科学技术正以其巨大的威力迅速改变着世界，它带给人们的不仅仅是物质的极大丰富，而且是思想上的震撼、观念的变更，教育领域亦是如此。人们惊愕地发现：现代教育的使命是"在历史上第一次为一个尚未存在的社会培养着新人""替一个未知的世界培养未知的儿童"。它不仅要使未来的人接受适应已有和既定的一切，更要使他具有改造和发展已有的世界、已有的社会和自我的能力；教育的基本作用似乎比任何时候更明确地表现为保证人人享有他们为充分发挥自己的才能和尽可能掌握自己的命运而需要的理想、判断、情感和想象方面的自由。教育是更深刻、更和谐的人的发展并从而减少贫困、愚昧、排斥、压迫和战争的一种重要手段。因此，教育不仅仅是帮助人们取得成功的一种手段，更重要的是要培养完整的人，促进人的全面发展，这应该是未来教育的重要主题和使命，是世界教育改革的基本趋势。

　　在我国，全面推进素质教育已经成为21世纪基础教育改革的重要方向。随着《中共中央国务院关于深化教育改革全面推进素质教育的决定》《面向21世纪教育振兴行动计划》《国务院关于基础教育改革与发展的决定》《国家基础教育课程改革纲要(试行)》等文件的陆续出台，建立一个适应21世纪需求的充分体现基础教育性质和素质教育精神的教育新体系，已经成为当前国家基础教育改革的重大课题。要实施素质教育，就必须改革旧的教学观念、教学内容、教学方式；要以新的教育理念、人才观念指导教学，要调整和改革课程体系、结构、内容；要尊重学生的主体地位，积极实行启发式和讨论式教学，激发学生独立思考和创新的意识，培养学生收集处理信息的能力、分析和解决问题的能力以及团结协作能力和社会活动的能力；要面向全体学生，关注学生的心灵世界，关注学生的全面健康发展。

  然而，现实的情况是，教学指导思想长期以来没有突破以知识为中心的知识型教育框架，教学往往强调掌握知识的数量和掌握的精确性，教学方法上重逻辑思维轻直觉思维，如阅读教学常常是先解释词义，再分段分层，最后归纳中心，却忽略了引导学生从整体上对课文的把握、理解。教学设计中主要以技术眼光看待和处理教学，强调的是教学方法、媒体等物的因素，忽视人的价值和情感。上述情况，已成为实施素质教育、促进人的发展的桎梏，我们必须按素质教育的要求，锐意革新，积极探索对策，改变目前教育现状。为此，笔者依据马克思的人的全面发展观、教育目的观，依据有关现代教学理论如主体性教育理论、建构主义理论、合作教学理论，根据语文学科特点，在教学实践的基础上提出了"发展性语文教学"的构想，构想认为：语文教育是一种母语教育，是民族文化、民族精神的一种传递；语文又是一种文学教育，具有丰富的人文内涵，对学生的精神领域具有深广的影响；语文课必须关注学生的精神世界，使他们逐步形成良好的个性和健全的人格，促进人的全面和谐的发展。本文就是对这种构想的理论说明与实践探索，论文共分概念界定、发展性语文教学的特点、课堂教学模式、教案实例四个部分。应当说明的是，关于教学与发展，自二十世纪六十年代始苏联的赞可夫就进行了长达十余年的专门研究，后由达维多夫进一步发展成为发展性教学理论，国内则有上海育才中学的"发展性语文教学策略研究"，这些研究主要侧重于人的心理、思维发展；另外吉林教育学院王鹏伟也主持过"语文教育与人的发展"实验研究，探讨了语文教育与人的一般性发展关系，但对语文教育的特殊价值与功能重视不够。本文汲取了上述理论的营养，但又与之有所不同，本文的核心理念是语文教育要在提高学生语文素养的同时，促进学生的全面发展终身发展，构建完整的人格；换言之，本文的发展更多地关注人的心灵、人的精神世界。

一、发展性语文教学的涵义

(一) 教育与发展

"发展"是一个非常宽泛的概念，泛指某种事物的增长、变化和进步。就教育领域而言，它主要指个体从出生到死亡的整个生命周期中身心向积极方面有规律的变化过程。人作为社会中的主体，其发展具有明显区别于其他生命体的特征：人的发展是历史性与社会性、顺序性与阶段性、共同性与差异性的统一，它既是现实的展开，又具有无限的发展可能性。

实现自身发展是人类千百年来的美好理想，特别是进入近代，它越来越成为人们关注的中心。黑格尔在其专著中就曾指出："社会和国家的目的在于使人类的潜能以及一切个人的能力在一切方面和一切方向都可以得到发展和表现。"[1]马克思从当时的现实条件出发，并结合未来共产主义的理想追求，提出了人的全面发展学说，即主张个性的充分而自由的发展，并把它作为人类共同追求的一项根本的教育目标。随着时代的发展、社会的进步，人们对发展的认识也越来越深入。国际二十一世纪教育委员会向联合国教科文组织提交的报告认为："教育在社会发展和个人发展中起基础性作用。""教育应该使每一个人都能发现、发挥和加强自己的创造潜力，也应有助于挖掘出隐藏在我们每个人身上的财富。""教育应当促进每个人的全面发展，即身心、智力、敏感性、审美意识、个人责任感、精神价值等方面的发展。应该使每个人尤其借助于青年时代所受的教育，能够形成一种独立自由的、富有批判精神的思想意识，以及培养自己的判断能力，以便由他自己确定在人生的各种不同的情况下他认为应该做的事情。""发展的目的在于使人日臻完美；使他的人格丰富多彩，表达方式复杂多样；使他作为一个人，作为一个家庭和社会的成员，作为一个公民和生产者、技术发明者和有创造的理想家，来承担各种不同的责任。""如果最初的教育提供了有助于终身继续在工作之中和工作之外学习的动力和基础，那么就可以认为这种教育是成功的。[2]"

---

① 黑格尔. 美学(第1卷)[M]. 北京：商务印书馆, 1979: 59.
② 联合国教科文组织总部. 教育：财富蕴藏其中[M]. 北京：教育科学出版社, 2001: 136.

这些论述，深刻地揭示了在当今时代教育的内涵和价值，给人以巨大启迪。概括前人的各种论述，笔者认为，教育视野中的"发展"应当包含以下内容。

(1)人的全面发展。从内容维度看，即身心、智力、敏感性、审美意识、个人责任感、精神价值等方面的发展。从结果维度看，即发展健康个性，塑造完美人格；教育要促进人的主体意识的发展，教育的过程是一个不断提升自我的过程，是激发并张扬人的主体意识的过程，教育要充分尊重个体差异，帮助个体实现价值；同时还要使人学会理解、学会合作、关心他人、关心社会、关心人类面临的共同问题；两个方面概言之，即自由与责任。

(2)人的终身发展。发展是每个人的内在需求，它贯穿一个人生命的始终。教育必须真正关注人的终身发展的长远利益，使学生当前的发展成为他终身发展的基础。要帮助学生学会学习，使其获得终身受益的"钥匙"；要培养强烈的学习兴趣和欲望，使其形成继续学习的动力；要培养学生自立、自律和自强不息的精神，使其获得自主学习、自我发展的意识；要通过"多种自我教育的形式，向每一个人提供在最高、最真实程度上完成自我发展的目标和工具"[①]。

(3)学生是处在发展中的人。学生在校学习的时期，是一个人的生理心理发育和形成的时期，是一个人从不成熟到成熟、从不定型到定型的成长发育时期。对于学生而言，他的身心各个方面都潜藏着极大的发展可能性，在他的身心发展过程中所展现出来的各种特征都处在变化当中，具有极大的可塑性。教师要以连续性、整体性的眼光看待青少年，积极引导学生、帮助学生，促进学生的自觉主动发展；要正视学生的错误，不可求全责备。

(二)语文教学与人的发展

在塑造人的问题上，以数理化为代表的理科和以语文、历史、艺术为代表的文科具有不同的功能，担负的任务各有侧重：理科主要是为了培养人们的科学素质，是启智的过程；文科则重在关注人的精神世界、探索人生生活的意义。在这一点上，语文学科表现得尤为突出。《全日制义务教育语文课程

---

① 联合国教科文组织总部.教育：财富蕴藏其中[M].北京：教育科学出版社，2001：137

标准》明确指出:"语文是人类最重要的交际工具,是人类文化的重要组成部分。"它对滋养人的精神起着非同寻常的作用。

语文首先是一种工具教育,因为语文的构成因素是语言,而语言是人们交流沟通、准确表达自己的工具,是思维的工具,是人们继续学习、继续发展的工具。一句话,语言是人发展的工具。语文还是一种文化教育,特别是民族文化教育。俄国教育家乌申斯基说过:"在民族语言明亮而透彻的深处,不仅反映着祖国的自然,而且反映着民族精神生活的全部历史。人们一代跟着一代传下去,但是每一代生活的成果都保留在语言里,成为传给后一代的遗产,一代跟着一代,把各种深刻而热烈的运动的结果、历史事件的结果、信仰、见解、生活中的忧患和欢乐的痕迹全部积累在本民族语言的宝库里。总之,一个民族把自己全部精神生活的痕迹都珍藏在民族的语言里。使儿童了解本族语时,我们也就使他们了解人民的思想、情感和生活领域,了解人民的精神领域。[1]"所以,语文已经完全超越了普通的工具意义,掌握和使用一种语言,就是接受一种文化价值,一个民族传统。正因为如此,我们就不难理解都德笔下的韩麦尔先生的最后一课为什么上得那样悲痛欲绝,日本侵占我国东北、台湾后为什么在学校中开设日语课进行奴化教育。余光中先生说得好:"中文乃一切中国人心灵之所托,只要中文长在,必然汉魂不朽。[2]"既然如此,语文教学就是对民族文化的一种传递、一种阐释,是民族生息繁衍的生命传递,语文本身所潜隐的人文精神、人文价值、人文内容、人文方法,决定了语文注定要陶冶人性、促进生命个体生成、提升人生境界。语言是族类的,又是个体的,族类的语言积淀了千百年来亿万人的智慧和心性,个体习得母语,即是把无依的个体之脉归于民族的文化之本。语言是个体生命化的过程,个体在语言的帮助下实现生命意义的挖掘与精神的再生,培养自己的人生能力,关注人的生存意义,最终实现人生价值。这正如文化教育学家斯普朗格所说:"教育绝非单纯的文化传递,教育之为教育,是指它是一个人人格心灵的唤醒。这是教育的核心所在。[3]"不仅如此,从人类文化学的角度

---

[1] 张鸿苓主编. 语文教育学[M]. 北京:北京师范大学出版社,1997:18.
[2] 余光中. 语文学习[J]. 1995,第1期封二题字.
[3] 滕大春. 外国教育通史[M]. 山东教育出版社,2005:232.

看，语言是人类社会存在和发展的前提。海德格尔认为："世人坚信，人类是具有语言能力的生灵，他与植物、动物迥然不同。这种表述并不仅仅只意味着，人类在具有其他种种能力的同时，也具有语言能力。这一表述的意思是说，只有语言才能使人成为作为人的生灵。[①]"人的自然生存状态是蒙昧的动物的生存，是盲目的被动的生存，只是由于语言的介入，人的生存才真正成为人之为人的生存。所以，人类是在语言中生成的，语言是存在的家园。语言构成了世界的存在，语言显现了世界的形态、风貌；语言活动是人类最重要的行为，是人类生命活动的重要标志，是人类生命构成、生命运动的重要因素。从这个意义上说，语言不仅是一种媒介符号，也是世界的一种存在方式。它不是外在于人的客体，而是主体；它不仅是人发展的工具，更是人发展的自身。所以，语文学科在促进人的发展中是最直接、最重要、最基础的学科，语文教学担负着历史的重任。

(三) 发展性语文教学

简而言之，这一概念可以分为两个层次：一是着眼于人的发展来设计语文教学，具体说来，就是从教学观念、教学内容、教学方法、教学评价诸方面均着眼于有利于学生的自主自由的发展，有利于传承人类文明精华，有利于完善心智、弘扬人性、发挥人的潜能、塑造完美人格。从教学观念上看，教师应具有人文情怀，要充分体现"以人为本"的思想，师生平等、生生平等，尊重学生的主体地位，充分尊重学生的主观感受；从教学内容上看，它要求充分利用语文中的人文因素对学生进行价值教育，减轻国家功利主义、唯科学主义和应试教育对学生的侵害；从教学方法上看，教师要多使用启发式、讨论式教学，充分激发学生的主动意识和进取精神，倡导自主、合作、探究的教学方式；从教学评价上看，要积极发挥评价在促进学生潜能、个性、创造性等方面的作用，使每一个学生具有自信心和可持续发展的能力，而不应过分强调评价的甄别和选拔功能。

二是语文教学要依据语言的自身特点，在培养语文能力的同时，培养学生自主学习、继续学习的愿望和能力，利用语文教材中丰富的人文内涵进行

---

① 海德格尔. 诗·语言·思[M]. 黄河文艺出版社，1989：189.

精神沃灌，培养学生高尚的道德情操和健康的审美情趣，形成正确的价值观和积极的人生态度。

(四)语文教学的特点

首先，语文是基于现实生活的母语教育。母语学习和外语学习迥然不同，因为它不是从零开始的。每个人从牙牙学语起，就一直在母语的环境中模仿着、学习着；到三四岁时，就已经会说不少连贯的话，具有相当可观的口头表达能力了。这种能力是如何形成的？当然是不断模仿和实践的结果。与口头语言一样，书面语言的学习也遵循这么一条"模仿—积累—感悟—运用"的语言习得规律，学生必须先积累、感悟一定的语言材料，然后才能灵活运用之。因此，语文学习是学生自己进行的学习，必须让学生充分阅读、熟习甚至背诵课文，而不是靠老师的讲授，俗话说"书读百遍，其义自见"，又云"熟读唐诗三百首，不会作诗也会吟"，都说的是这个道理。语文教学还必须倡导学生广采博取，扩大知识面，增加积累，增长见识，只有这样，才会提高学生的写作水平。唐代杜甫为我们留下了"读书破万卷，下笔如有神"的千古名句。清代唐彪对语文习得规律做了更为具体的总结："阅者必宜博，经史与古文时文，不多阅则学习肤浅，胸中不富。""文章读之极熟，则与我为化，不知是人之文，我之文也。作文时吾意欲所言，无不随吾所欲，应笔而出，如泉之涌，滔滔不竭。"语文学习还要广泛开发教育资源，拓展学生的学习时间、空间，使语文生活化，打破囿于教室、止于学校的状态，扩大理解运用语言文字的机会和实践领域，将语文学习由静态转为动态，由封闭转向开放。

其次，语文是一种以整体感悟为主的语感教育，这是由汉语言的特点决定的。汉字是一种表意性文字，它与拼音文字相比，在声音和意义之间，多出了中介性的，与事物形象接近的字形；汉字的象形反映着字义与字形的必然联系，尽管隶变之后汉字的象形特征逐渐减弱，但根据字形也可推知字义。所以汉语具有具象性，这与西方的拼音文字迥乎不同。汉语是一种非形态语言，其语法构造不是借助于字的格、词性、句型等外形变化，而是以虚词和语序为手段来组合句子；汉语词类与句子成分之间，不存在简单的一一对应关系，一个词不管放在哪个语法位置上，形式都是一样的；多个语言单位因缺乏形式标志，成分之间的结合显得较松散，移动自由，理解时往往要以意治形，意合为主；汉语行文常不受形式逻辑的限制，思维过程往往是跳跃的，在具象的排列中展开抽象过程，体现结论。这些特点，导致汉语言的表达在很大程度上受语境制约，必须从整体着眼，才会准确理解词义、句义，才会领悟到语言运用的分寸、情致、韵律，才会真正理解文章之理趣与精髓。

从语言文化学的角度看，母语教育和语感教育本身就是汉民族文化教育，不难想象，当你学会运用汉语时，汉民族的思维方式、民族心理、价值取向早已潜隐于你的心中。所以，语言教育和民族文化教育是一个问题的两个方面，它无法截然分开。然而，语文还是一种文学教育，虽然文学教育从根本上说也是一种语言教育，但它毕竟不同于一般的语言或文章。文学作品富含人文内容、人文情感、人文价值，要充分利用它来熏陶感染学生。如学习《岳阳楼记》，应使学生了解中国儒家知识分子的情怀；学习《荷花淀》，了解中国妇女的善良坚贞与勇敢顽强；读了《罗密欧与朱丽叶》要使学生感悟到纯洁真挚的爱情是人类最崇高的感情；读了《我的叔叔于勒》要使学生对于人性要有更深的认识。要让学生有对未来的向往和憧憬，有对世界的怀疑和批判精神，要培养学生战胜困难的勇气和毅力；要让学生理解他人，同情弱者，不要让学生的情感世界成为一片荒漠，不要让学生的理智成为欲望的奴隶，要使学生成为一个独立的大写的人。

总之，发展性语文教学是这样的一种教学，它以语言感悟为手段，以人的发展为指归；尊重学生的主体地位，提倡合作学习；重视学生体验，注重向生活开放；在引导学生感悟、积累、运用语言的同时，注重对学生的人文熏陶，使学生在潜移默化中接受人类文化特别是汉民族文化，并在现实生活中逐渐内化，提高品德修养和审美情趣，涵养性情，从而达到培养语文能力，提高语文素养，最终发展个性，塑造完美人格之目的。

二、发展性语文教学的特点

(一) 开放性

开放性是发展性语文教学的前提条件，没有开放，发展性语文教学无从谈起。只有开放，才能容纳学生的主体参与、主动建构；只有开放，才能拓展课堂时空，在有限的课堂中给学生以无限的发展天地。开放性主要指文本的开放、课堂教学的开放、语文生活化。

传统教学中,课文被看作是一个自给自足的封闭系统,是作者设定的意义世界,学生必须去追寻作者原有世界的含义,再现这个意义世界。现代阅读理论认为,每个文体,都是一个有待于读者和作者共同完成的召唤结构。波兰现象学美学家罗曼·英加登指出:"每一部作品共分五个层次,其中语言现象中的语词与声音关系是固定的,词、句、段各级语音单位的意义及组合也是不变的;而表现的客体层和图式化方面,则带有虚构的纯粹意向性特征,本身是模糊的、难以明晰界说的;至于思想观念及其他形而上的蕴含,更是混沌朦胧,只可意会不可言传。①"因此,文本意蕴的最终完成,必须依靠读者自己去体验、去"填空"。正是在此基础上,德国接受美学理论家伊瑟尔进一步指出,文本只是一个不确定性的召唤结构,它召唤读者在其可能的范围内充分发挥再创造的才能,文本意义的显露只有伴随着读者在文字符号基础上展开的想象才能进行②。

"人面不知何处去,桃花依旧笑春风"这诗句看起来含义明确,实际上却隐含着文字符号难以尽述的无穷"空白":人面指谁?与作者有何交往?桃花开到何种程度?人面与桃花的周围环境如何?诗句中包含着作者什么样的思想感情?有着怎样的审美意义……所有这些,都必须由读者自己去"填空"、去"对话"、去体味。文本的开放性,给读者阅读提供了广阔的空间,不同的读者总是以自己的个性、经历去理解,赋予文章以全新的意义和阐释,从而使文章的意义得到不断的开拓与建构。既然如此,我们有什么理由在教材和课堂上采取求同思维呢?因此,我们必须告别求同去异的解读方式,从过去的追求唯一终极观点的"标准"解读,走向以学生为本的多元解读。即使是教师和权威的观点,也只是"一家之言"。当然,我们提倡求异弃同,并不意味着"唯异是求";培养求异思维,并不意味着鼓励求怪思维。文本语义的客观性、人物和事件的客观性作为一种共同的制约因素,作为读者同文本对话的基础,是不容忽视的。

---

① 罗曼·英伽登. 对文学的艺术作品的认识[M]. 陈燕谷译. 中国文联出版公司,1988:217.
② 张云柏. 试论伊瑟尔接受美学的理论基础[J]. 哈尔滨学院学报,2006(6):68-69.

课堂教学的开放是对传统认知性课堂教学的一种反动。传统认知性课堂教学具有封闭性，上课就是执行教案的过程。教案就像一只无形的指挥棒，操纵着课堂上师生的教学活动，教师期望学生按教案设想做出回答，教师的任务就是努力引导学生，直至得出预定答案。这种教学方式特别在公开课中表现得尤为突出，尽管教师和蔼可亲，但潜意识中，总是有"教师的答案、观点为最准确、最合理""我希望你这样做"的指导思想；尽管是充分调动了学生，课堂上气氛热烈、讨论活跃，尽管学生举手、起立、坐下的"运动"十分热闹，但基本上是按照老师划定的路径运行，遇到"旁逸斜出"的问题，总是被忽略或一带而过。这种演"教案剧"的课堂教学活动剪辑了认识过程中的复杂性、曲折性和生动性，排除了人与人相互作用的种种可能性，从而不仅导致知识与智能的脱节，更是对智慧和生命的扼杀。

实际上，课堂教学不应当是一个封闭系统，也不应拘泥于某种固定不变的程式。预设的教案在实施中需要开放地纳入直接经验和弹性灵活的成分，教学目标必须潜在和开放地接纳始料未及的内容。不能让活人围着死的教案转，需鼓励师生互动中的即兴创造，超越目标预定的要求，使课堂教学成为一个动态的体系。不仅如此，老师还应着意给学生创造发挥作用的余地；有时可以对某些教学内容秘而不宣，让学生自己去填空，有时有意去创造时间上的"空白"；课堂结束，要留有深厚的兴味，激发学生强烈的学习兴趣，使其在课外自我发展。

课堂教学的开放性还指向课外阅读。目前，重视课外阅读已成共识。新的《语文课程标准》明确指出："培养学生广泛的阅读兴趣，增加阅读量，提倡少做题，多读书，好读书，读好书，读整本的书。鼓励学生自主选择阅读材料。"教师不但要通过切实有效的阅读指导，引导学生拓宽阅读面，扩大阅读量，接触大量的语言材料，逐步形成良好的语感，还必须努力创造良好的文化熏染氛围，让学生全方位地接受优秀文化，充分汲取中华民族传统文化的精髓，促进个体文化底蕴的日益厚实和丰满；只有这样，学生的语文之树才会不断焕发出青春的活力。

语文生活化就是在学习语文的同时学习生活并磨砺人生。正如上海的《语文学习》杂志封面上所说：语文的外延与生活相等。作为母语，语文是生活的组成部分，生活也须臾离不开语文。因此，要将学生投入到绚丽多姿的现实生活中，关注知识经济，关注科技创新，关注东西方文化的激荡、融合，关注层出不穷的时尚文化和艺术，关注各种形式及渠道如电视、网络所传播的健康的、鲜活的、有强烈时代特征的语文现象，主动地发现、捕捉、吸收新知识、新事物以及新的语言表达形式中一切能促进自身全面发展的信息。要为学生创造动手实践的机会，让学生参与多种语文实践，如搞设计、出板报、办展览、编报刊、组织文学社团、朗读、演讲、辩论、写作文、举办知识竞赛、调查、采访、开展生态资源及文物保护、聚焦时政、开展新闻评选活动、进行科普宣传等，全面提高学生的动手操作能力。特别重要的是要有意识地促使语文生活实践活动与学生的心灵产生强烈的碰撞，产生深刻的思想感情和情感体验，这样，才有利于情感、思想、品德的完善，有利于学生语文素质的全面发展。

(二) 体验性

体验性是发展性语文课堂教学的实践特性。体验，是带着个体认知结构、人生经历、情感、观念的全身心感悟，它重在个体亲身实践、亲身经历。从读者反应理论来看，对文本深度的解读体验，不但是情感的宣泄，而且是灵魂的唤醒，是生命的超越。因为当读者在解读中体验到作家的生命意识和情感激流而心醉神迷之时，就会顿然形成一个生命进入另一个生命的主体情感传导活动，使作品成为一种活的感性的创生和传达，造成解读主体灵魂的震荡和剧烈的感情冲击，或给读者带来生命价值信念的苏醒，使震颤的心灵连带着整个生命获得更新和再生；或造就读者的新的思维秩序和感知方式，从而以一种新的方式去观照世界，获得一种新的认知与评价世界人生意义的标准。从语言的层面看，语言是极具情意化的，如果不建立在体验基础上，就很难充分感受语言的意味、情致、复杂内涵。任何事物，只要用语言描述出来，就不再是完全意义上的事物本身，而带上了强烈的主观色彩。词语的选择，语序的排列，都反映了作者的内心世界，语言的意义并不等于事物的本义，而是言说者的解释义。因此，用凝固、静止、剔除情意的方法去解析语言，必然只见树木，不见森林，必须在体验中把握语言，用人的情感、意志去激活语言，用经历、心境去补充语言，用联想、想象去丰富语言。至于语言所蕴含的文化价值、人文价值，更无法以严密的逻辑来推导证明，只能有赖于教师声情并茂的讲述、设置情境的诱导、身体力行的感悟，学生才能心领神会，与老师和谐共振。

从整篇文章看，语文教学是学生、教师、文本之间对话的过程。在阅读对话的活动中，学生要充分调动主体能动机制，积极地参与对文章意义的解释与建构。通过对文章语言符号的解码，把创造主体所创造的艺术形象中所包含的丰富内容复现出来，加以充分的理解和体悟，同时还要渗入自己的人格、气质、生命意识，重新创造出各具特色的形象和意义，甚至开拓、创构出作者在创构这个形象和意义时所不曾想到的东西，从而使其更加生动、丰富而具深度和力度。《课程标准》在"教学建议"中明确指出："阅读是学生的个性化行为，不应以教师的分析来代替学生的阅读实践。应让学生在主动、积极的思维和情感活动中，加深理解和体验，有所感悟和思考，受到情感熏陶，获得思想启迪，享受审美乐趣。"

从课堂行为来看，教师和学生都是活生生的人，都是具有自身特质的生命体。发展性语文教学理应是建立在师生人格完全平等的基础上进行的富有爱心的交流，是人与人精神的整合，是相互尊重与创造。在这样的课堂上，学生在老师的引导下，在好奇心的驱使下，满怀兴趣地去参与学习，亲身体验这种充满思想、情感、智慧的"生活"。学生根据自己的体验和理解，能动地认知和建构知识，赋予知识以个性化的意义，学生的生命活动就在这种积极主动的参与中充分表现出来。所以，课堂上学生知识增长的过程，同时就是心智的完善、人格的健全与发展的过程。

体验性要求在教学中要高度重视语感教学、情境教学、审美化教学，要求教师积极创设体验情境，师生均要进入角色，共同参与体验，要珍视学生独特的感受、体验和理解，鼓励学生的创造性阅读。

(三) 合作性

合作性是发展性语文教学的组织特性，指在充分尊重学生的人格、尊重学生主体地位的基础上，提倡师生、生生、生组、组组的合作交往，在交往中师生不断修正、完善、补充自己的体验，自我反馈、自我调控、自我建构、自我发展。这种合作既面向全体学生，又承认差异；它倡导教学的民主性，倡导一种共同发现、探究的教学方式。

尊重学生的主体地位是合作的前提，也是发展性语文教学的重要保障。教育的主要动因不是别人，而是受教育者自己，获得发展的也是自己，通过别人取代不了的学习过程发挥自己的潜力的也正是自己，教育过程只有真正成为自己教育自己的过程，教育才能成功。所以，教学必须把教育的对象变为自己教育自己的主体，把受教育的人变成教育自己的人，把别人的教育变成这个人自己的教育。教学过程中，要增强学生的主体意识，发展学生的主体能力，培养和提高学生在教育中的能动性、自主性和创造性，使他们具有自我教育、自我管理和自我完善的能力，成为自我发展的主人。唤醒学生的主体意识是促进学生主体性发展的先决条件；学生主体意识的觉醒，意味着学生主动地参与自身发展，从而也就愈能在教育活动中充分发挥主体自身的能动力量，不断地调整改造自身的知识结构、心理状态和行为方式；学生主体意识越强，他们对自身发展的责任就越大，从而对自身提出的需求也就愈高。因此，学生主体意识的强弱，在某种意义上决定着学生主体对自身发展的自知、自控、自主的程度，从而决定着其主体性的发展水平。

课堂教学是以语言为中介的人与人之间的相互影响、相互促进的活动，是师生之间、学生之间多边活动的过程。如果没有师生之间、学生之间的合作、交往，教学就只能流于形式，教学任务就无法真正落实。充分的课堂交往，能够密切师生和生生之间的相互关系，有利于学生从对教师的被动服从向主动参与转化，从而形成师生平等、协同的课堂氛围。充分开发课堂中的人际交往资源，能促进课堂教学中竞争学习、合作学习和个别化学习的兼容并存，培养学生的合作意识和习惯——主动发言、善于倾听、乐于吸纳、综合理解；从更长远看，还能培养学生尊重他人、相互协作、与他人共同生活的意识和能力，而学会共同生活正是二十一世纪教育的四个支柱之一。

合作性的第一个方面是学生之间的合作，指课堂中以小组形式为学习群体，开展有组织、有指导的互教、互学、互帮活动。一般地把程度不同的学生搭配成前后两桌四名学生组成的异质小组（按学习水平、个性的不同分组，要充分关注学生的个体差异和不同的学习需求），培养学生的交往技能：一学会表达，要自主、流畅、充分地表达出个人心中所想所感；二学会倾听，不随便打断别人的发言，努力掌握别人发言的要点，对别人的发言做出评价；三学会质疑，听不懂时，请求对方做进一步的解释；四学会组织，主持小组学习，能根据他人的观点，做总结性发言。小组学习作为课前自主学习与课堂全班教学的中介与纽带，其重要性和优越性是明显的。就学生而言，课前自主学习的成果和遗留的问题能够得到伙伴的充分关注和帮助，不仅有利于促进学习的进步和发展，而且有助于培养合作的能力。就教师而言，教学的针对性因有了小组学习为基础，比较容易发现小组合作学习的成果与存在的问题，并把它作为深化课堂教学的契机，进一步开展组际交流或全班教学使全体同学共同获益。就课堂教学的信息容量与密度而言，由于引进小组合作学习及组际关系，使得师生之间的信息联系与信息反馈能够在多层面、多方向上展开，这实际上等于拓展了课堂教学的时间和空间，课堂教学也因此不再出现被遗忘和冷落的角落。小组的合作性学习既满足了自己影响别人的需要，同时也满足了同学相互关心的归属需要，所以能促进同学间的友爱，增强班级内在的凝聚力。

合作性的第二个内容是建立新型的师生关系，对教师的角色重新定位。"教师和学生要建立一种新的关系，从'独奏者'的角色过渡到'伴奏者'的角色。"但这丝毫不是贬低或否认教师的主导价值，教师应"在那些指引给学生的基本价值方面，始终要有极大的坚定性。[①]"在学习化社会，任何人都不可能是绝对权威，人人都是学习者，人人都有可能成为教育者。在网络化时代，教师已不可能是知识的占有者，也不可能是学生获取知识的唯一来源，学生可通过多种信息渠道获取新的有益的知识和信息，而且有些新的知识和信息往往是教师所未获得的。这样，课堂教学中，教师是一种资源，学生也是一种资源；虽然他们的内涵不同，但他们在课堂教学中的地位是平等的。他们共同处于课堂的双向互动的流变状态中，在流变中实现着来自教师、学生、教材等多种渠道的知识信息的共享和互动。这里面的信息，不只是学科知识，还包括兴趣、情感等要素。在交流和沟通中，师生共同努力达成课堂教学目标，促进师生人格的发展与完善。

---

① 联合国教科文组织总部：教育：财富蕴藏其中[M]. 北京：教育科学出版社，2001：139.

要实现课堂教学中师生共同参与、互相合作的人际关系，需要教师和学生都发挥自身的主体作用。教师要充分尊重学生的人格，充分尊重学生作为一个社会人所应有的权利、尊严、思维方式和自身发展方向；倡导和营造师生平等交流的课堂教学环境，能为每个学生创造参与课堂教学活动的机会，积极鼓励学生在与教师、与同伴的平等交流中，展示自己的能力和才华；要关注每个学生的心理特点、认知能力、社会化程度等方面的特征及其差异性，重视课堂教学活动中的情感、动机、信念等人格因素的价值。在课堂活动中，师生均要"目中有人""心中有人"。从学生来说，心中要有老师、有同伴，也有自己，要清醒地意识到自己在学习中是一个生动、能动的生命个体。从教师来说，心中有学生，也要有自己；教师应清晰地意识到，课堂教学中不仅仅是教师为学生的成长与发展做了什么事情，教师的每一堂课都应该是他自身生命的实践活动，都能使其获得生命价值的满足。每一位热爱学生、热爱生活、热爱自己生命的教师，都应同那些充满青春生命的青少年学生一起，共同把课堂构建成为一个美好的精神家园。

(四)生成性

生成性是发展性语文教学的最根本属性，也是发展性语文教学的最终目的和归宿。课堂教学的最终目的就是使学生通过课堂有所收获，没有收获的教学是失败的。但发展性语文教学的生成性不仅包括传统教学中的认知收获，更重要的是要培养学生终生学习、驾驭社会的能力，增强学生不断发展的愿望和兴趣，同时要使学生有或多或少的生命感悟，课堂教学应该成为对成长中的人的整个生命的成全。

无论如何，对知识的传授和学习是课堂教学的重要任务。但是，发展性语文教学认为，对知识的掌握和学习不应用灌输的方法，而应用探究式、发现式教学使学生主动地建构知识。因为知识并不是对现实的准确表征，它只是对现实的一种解释或一种假设。知识并不是问题的最终答案，相反，它会随着人类的进步而不断地被更新甚至被推翻。而且，知识并不能精确地概括世界的法则，在具体问题中，需要针对具体情境进行再创造。而且，知识的理解与接受对不同的个体而言常常不尽相同，因为这些理解是个体学习者基于自己的经验背景而进行的。这些知识在被个体接受之前，对个体来说是毫无意义的。所以，不能把知识作为预先决定了的东西教给学生，学生对知识的接受只能靠他自己的建构来完成，以他们自己的经验、背景来分析、批判、接纳。教学不能无视学生的现有经验，而是要把学生现有的知识经验作为新知识的增长点，引导学生从原有的知识经验中生长出新知识。教学不是知识的传递，而是知识的处理和转化，教师不单是知识的呈现者和传递者，而应该重视学生自己对各种现象的理解，倾听他们的看法，洞察他们这些想法的由来，并以此为依据，引导学生丰富或调整自己的理解，提高学生的"元认知"水平和能力，指导评价反馈，提高学生自控学习的意识和能力。

生成性要求课堂教学在引导学生知识建构的过程中，注重培养学生的再发展的动力和能力，使他们成为未来社会的主人。他们"对于变化持积极的、灵活的和适应的态度，视变化为正常、为机会，而不视其为问题。一个如此对待变化的、具有事业心和开拓技能的人，具有一种来自自信的安全感，处理危险、冒险、难题和未知，从容自如。这样的人有能力并勇于负责，善于交流、谈判、施加影响、规划和组织。他是积极而不是消极的，有信心而不是朝三暮四的，有主观而不总是依赖别人。[①]"为达此目的，必须帮助学生学会学习。有效的学习方法，犹如一把多功能的钥匙，易于打开知识宝库和科学的大门。学会学习，要求学生必须具备对知识的理解、同化、分析的能力，对自己已获得的信息进行分类的能力，轻松地把握抽象与具体、一般与特殊、知与行、专与博之间关系的能力。要培养强烈的学习兴趣和欲望，形成继续学习的动力。教师在课堂教学中要能够肯定学生在学习过程中所做出的一切努力，肯定学生在教学中的一切参与活动，鼓励、肯定学生以积极的态度参与课堂教学活动。要肯定学生在课堂学习中得出的一切结论，因为这些结论都是学生积极实践的结果，这些结论得出的过程及结论本身，都从某一个或几个侧面反映出学生不同的学习品质，我们要肯定的就是学生的这种学习品质，而不只是对学科知识本身的理解与掌握。要肯定学生在课堂教学中的一切探索创新、发现行为和活动，这样，才能让每个学生在课堂教学过程中充满信心、主动积极地参与。

---

① 石中英，王卫东. 主体性教育[M]. 北京：教育科学出版社，1999：25

发展性语文教学把课堂看作是师生人生中一段重要的生命历程，是他们生命的有意义有价值的构成部分。发展性课堂教学蕴含着巨大的生命力，只有师生的生命活动在课堂教学中有效发展，才能真正有助于新人的培养和教师的成熟。课堂就是学生个体成长、个性发展的"发展场"。生成性要求教师从生命的高度理解课堂教学，要引导学生尊重、理解、体验生命的独特性、不可重复性，这种独特性主要体现在人的感受、情怀、思想和创造力的独特性、不可替代性上。如李白笔下的天姥山是那样的瑰丽壮美；韩愈的《祭十二郎文》是那样的婉致情深，苏轼的《赤壁怀古》令人顿生雄浑壮阔之感；李清照的《声声慢》又抒发了孤寂幽情……这些不仅是对自然、对人情的不同感受，这是对生命的不同感受。人的生命价值得到实现，就是人的这种独特的生命感受、生命力量得到尊重和表现。

人类之所以能够不断发展，人类文明之所以能够不断提高，最根本的就在于人类能够不断超越自身，不断超越自己体能的、智慧的、精神的极限。这种超越的精神就是获得更大自由的精神，这种追求超越极限的过程就是自由精神的追求过程。语文教育的一个内在功能就是展示这种精神、弘扬这种精神。"女娲补天""精卫填海""西西弗斯推石上山"表达了一种知其不可而为之的不屈精神；唐僧取经、浮士德的上下追索，表达的是一种追求不息的信念；凤凰涅槃、夸父逐日表达的是生命不息、价值延伸的情怀；《老人与海》《鲁宾逊漂流记》则表达出人对自然的无穷伟力……发展性语文教学正是以这些精神滋润着学生的心灵，使其逐渐获得精神的自由，个性化地感悟事物、体察社会和人情，创造性地表达人生。

三、发展性语文课堂教学模式

为增强发展性语文教学的直观性和实用性，本文在发展性语文教学思想的指导下，在教学实践的基础上，针对阅读教学，设计了发展性语文课堂教学模式。该模式的设计主要着眼于学生的自主、主动发展，重视学生的主动参与、合作学习，对教师的活动没有从正面说明，但这不是说教师就无所作为，相反，它对教师提出了更高的要求。教师的作用将主要体现在如何激发学生内在的动力，如何引导学生提出问题、自主地解决问题，如何更深一步地理解课文以应对学生各种各样的问题，如何身体力行地点燃学生的生命之火。本模式注重学生自己对课文的体验感悟，倡导一种"整体—部分—整体"的阅读观。阅读过程从本质上说是一个思维过程，在认识事物的过程中，人们总是要经过一个"综合—分析—综合"的思维过程，从而最终达到对事物整体的理解认识。"整体—部分—整体"的阅读观要求学生在阅读时首先从整体入手，以获得对课文的整体感知，再由整体到局部进行具体的分析，然后重新回到整体以达到更进一步的认识。这种阅读观符合人们的阅读规律，它倡导教师不要架空分析课文，不要对课文进行条分缕析，要积极引导学生把精力和时间更多地用在感知课文上。

发展性语文课堂教学模式共有五个环节，分别是激发蓄势、整体感知、讨论交流、领悟深化、拓展生成。

（一）激发蓄势

所谓激发蓄势，就是依据本课教学内容，精心设计导语，激发学生的兴趣和好奇心，激发学生的学习热情，使学生带着一种强烈的欲望，急切地进入下一步学习。激发蓄势主要有两种情况：一是营造一种入化情境、一个良好氛围、一个感情场，为下一步阅读、欣赏做好铺垫。良好的氛围、成功的感情激发，容易使学生投入自己的主体感情，让学生带着自己的全身心体验，尽快进入文本世界，达到与作者、文本的异质同构；同时，和谐的氛围、良好的情绪体验还会促进人与人关系的融洽，有利于增进人们的相互理解、信任，为学生的社会交往、个性发展提供充分的、有利的条件。激发蓄势的第二种情况是教师要创设一定的问题情境，逐渐训练学生的问题意识，使学生养成边阅读边发现问题的习惯。学生只有意识到问题的存在，才能着手探索和解决问题。要使激发蓄势收到应有的效果，教师设置问题要注意：问题必须针对一定的教学目标，因为目标是设问的方向、依据，也是问题的价值所在；问题的难易程度要适合全班同学的实际水平，以保证大多数同学在课堂上都处于思维活跃状态；问题的设计和表述应具有新颖性、奇特性和生动性，才能真正吸引学生，激发学生强烈的愿望，从而集中注意力，积极主动地投入学习。

激发蓄势，就像一台戏的序幕，如果设计和安排得有艺术性，就能牵引整个教学过程，收到先声夺人的效果。教学中，要把它作为教学的突破口，针对不同的课文特色进行精心设计，采用灵活多样的手段，一开始就把学生牢牢吸引住。于漪曾经打过这样的比喻："课的开始好比提琴家上弦，歌唱家定调，第一个音定准了，就为演奏或歌唱奠定了基础①。上课也是如此，第一锤就应敲在学生的心灵上，像磁石一样把学生牢牢地吸引住。"

(二) 整体感知

激发起学生的热情后，就应尽快让学生接触课文，要把文本作为一个血脉灌注的完整的艺术生命来认识。首先让学生完整地感受文章的整体风貌，不仅要感知语文知识如音韵音节、文字符号、文字组合的方式方法等，更要感知文字所承载的内容、情感、文化意蕴。

关于整体，前文曾述及语文是以整体感悟为主的语感教育，这是由汉语言自身的规律决定的。这里再从另一个角度谈谈，阅读一篇文章时首先从文章整体着眼：从文章的结构来看，词、句、段是服务于整篇文章的需要而从属于文章的；从阅读的目的来看，人们是为了满足理解整篇文章的需要而去理解词、句、段的。一篇文章，读者首先是被整个作品的思想意蕴和艺术形象的魅力所吸引、所感染、所陶醉，然后才能进一步研究布局谋篇、语言特色等问题。因此学生读课文时首先是在读懂文字、疏通字词的基础上，了解文章写了什么，对文章特点有大概的总体印象，而不是首先考虑文章分几段。这里强调整体主要是针对目前教学中对课文进行条分缕析的现象而言的，由于种种原因，教师常常在教学起始就把阅读材料分割开来，弄得内容支离破碎，学生缺少整体印象。

所谓感知是指强调学生自己去全面接触课文，接触语言材料，了解、感悟、领会课文的丰富意蕴及其表达方法，切忌以教师的讲解代替学生的亲身实践。"感知"一词还意味着要让学生带着自己的情感体验进入文本世界，借助文本与作者进行心灵的沟通，它重在"感"，然后是"知"。感知课文最主要的方式是听、读，听主要是指听范读；读是学生自己阅读，如浏览、速读、精读、默读、朗读等，听读的同时要进行圈点勾画，并随时记录自己的思想

---

① 于漪. 于漪语文教育论集[M]. 北京：人民教育出版社，2003：326.

火花。感知课文也可用其他方式，如用多媒体设备观看幻灯片、投影、电影、电视，用教学卡片、挂图、实物、标本和模型教具演示，实地参观等。这里要特别谈一下朗读。目前，语文课堂上一是缺乏琅琅书声，二是虽有书声却读得不尽人意。叶圣陶先生早就指出："在目前的课文教学里，大多数还没做到好好地读。……随口念一遍，这算是读了，发音不讲究，语调不揣摩，更不用说表出逻辑关系，传出神情意态了。这是不能容忍的。读得马虎，就减低了语文教学的效果，哪怕你旁的方面做得相当好。"朗读是一种眼、口、耳、脑等多种生理机能共同参与、协调动作的阅读，它能训练语音、增强语感，再现课文情境，帮助学生深入体会课文的情感意蕴，培养学生的记忆力、语言感受力和口头表达能力，帮助学生更好地领悟文章营构的世界。要想对文章感知得好，必须从根本上改变不好好读书的局面，要运用多种方式进行朗读教学：教师要加强范读或播放录音，为学生树立样板；要交替运用自由读、齐读、跟读、轮读、分角色读、表演性朗读等方式，经常性地进行专门指导，授之以法，从严训练，使学生真正学会读书。

整体感知课文的常规要求是以下几点。

(1) 读题目及注释，初步了解全文概貌。要速读、默读。

(2) 粗读全文，大体掌握全文内容和思路。要求用速读、默读。要让学生了解作者运用了哪些材料，初步了解文章的主要内容和作者要表达的主要认识，以了解作者的大致思路。文章脉络是文章思想内容的外在表现形式，要求学生了解文章主要由哪几个部分构成，如何组织安排材料的。

(3) 细读课文，初步感受文章的情感和内涵。要求朗读或用心默读一遍以上。课文是作者思想感情的结晶，无论它以抒发情感为主，还是侧重观点的阐述或知识的说明，都渗透着情感因素，具有不同程度的感染力。学生初读课文如果受到一定的感染，激发起一定的情感体验，就可以形成一定的情绪氛围，为全面把握文章的思想情感奠定良好的基础。特别对于文学作品，要从人的高度来深入理解人物形象的内涵和意义，用心体会人物的心境和情怀。尽量少给学生定框子，不要让庸俗社会学的观念侵害学生的判断力。如孔乙己就真的那么可笑吗？人们不该对他施以同情吗？除了封建礼教的毒害外，不能看作是一个人的命运悲剧吗？在《荷花淀》中水生嫂的一句话："你走，我不拦你，家里怎么办？"可以说是任何一个中国农村妇女都能说出的一句普普通通的话，可是，你能体会出这其中蕴含的复杂的内涵和情感吗？课本说"陈奂生住招待所花了五元高价，内心感受十分复杂，这既说明农民勤俭的本质，又说明他们的狭隘，为个人生活患得患失和封建等级观念。"仅仅是陈奂生为代表的农民如此吗？这是不是人性的通病呢？当读到杜十娘抱着百宝箱跳到江中时，你能体会到她那种寒彻心底的绝望与悲哀吗？必须让学生设身处地地体会人物的境遇，才会真正与其心理沟通，才会更真切体味社会与人生，更好地涵养自己的性情，走好自己的人生。如果我们漠视这一点，那才真是语文的悲哀。

（4）读课文，找问题，并尝试回答问题。要求用朗读或默读。阅读本来应该"仁者见仁，智者见智"，但日常教学中，提出问题的权力掌握在教师手中，学生只是被动地按教师的指挥棒转，不能按自己的阅读实际去自主地提出问题，这实际上剪辑了学生的阅读实践。长此以往，学生不会提问题。所以目前学生提出问题的能力比分析问题的能力、解决问题的能力弱，而提出问题的能力从培养创造性思维来说比分析问题、解决问题的能力更为重要。因此，教师应当有意识、有目的地培养学生提出问题的能力，引导学生提出高质量的问题。培养学生提出问题须有一个渐进的过程。刚开始可以让学生提一些简单易找的问题，如"你最喜欢哪一段，为什么？""用词最准确的是哪里？""人物刻画得最成功的是谁，如何刻画的？""哪一部分表达最严密？"等等。随后逐渐提高要求，应引导学生明确本课的学习重点、难点、主要特点，要以课文的主要矛盾为切入口设计一两个问题，力争使这一两个问题牵一发而动全身，带动整篇文章的阅读，如要注意抓住课文的文眼、中心事、关键句来把握作者的立意构思和表达技巧。这样，就使得学生在阅读课文时不仅有一种问题意识，而且容易将焦点固定在教学目标上，既培养了学生整体把握课文和筛选有用信息的能力，也培养了学生思维的深刻性、敏捷性。另外，特别要注意那些对学生的思想情感、价值观念产生积极影响的问题，如"对这篇文章你最受感动的是什么？""如何看待罗密欧与朱丽叶的殉情？"让学生通过学习课文而崇美求真、乐于向善。

从以上我们不难看出，整体感知是教学的关键。感知的质量如何，直接决定了课文理解的深度和广度,也决定了下一阶段讨论交流质量的高低。所以,必须给学生充足的时间去阅读、去体味。

(三)讨论交流

整体感知是从"整"着眼,讨论交流则是从"分"入手。

由对课文初步的整体认识深入到对字、词、句、段的理解是阅读教学的必然过程。在此过程中,仍须树立整体观念,切忌把词、句、段分剖开,孤立地进行教学,忽视与全篇的联系。词句的含义和作用只有在具体的语境中才能得到确切的解释,否则,既难以让学生理解和记忆,也不利于对课文思想内容的分析。段落划分的根据和意义也只有在全篇中才能看出,而且分段的目的就是要理解文章整体。教师要引导学生在词与句、句与句、句与段、段与段、段与篇的联系中展开积极的思维活动,既求得对部分的具体理解,又获得对整体的全面把握。

讨论主要是小组内的讨论,辅之以组组讨论、师生讨论。为了解讨论情况,交流讨论成果,教师可以让几个小组向全班汇报讨论的问题和结果。讨论的问题是教师在激发蓄势阶段提出的问题、学生在整体感知阶段自己发现的问题。答案的得出应以学生为主,教师要尊重学生的独特体验,在合理的基础上鼓励学生的多元解读。在讨论过程中,教师仅仅起引导、组织、点拨作用;要巡回走动,以个人身份参与到小组讨论中;要搜集各小组、同学的遗留问题,以便集中点拨或引发更深一步的讨论。为了提高课堂效率,避免在一些无关紧要的问题上纠缠太多,教师可适当收束问题,引导教学思路。

(四)领悟深化

在完成了上述从"整体"到"局部"之后,又回到"整体"。这是对课文进行较深入的挖掘后的升华阶段。学生根据讨论的情况,综合各种理解,对课文进行回味、揣摩。提倡朗读背诵,对课文特别是课文的重点部分要进行倾情忘我的吟诵,吟诵者应把作品的风格意蕴与个人的个性气质乃至生命血脉浑然一体地融汇于声音中,进入了一种手舞足蹈、心同此情、境同彼景、物我两忘的境界。这是读者与文本的"心心相印""娓娓恳谈";这是读者的一种心领神会,是用深情对教学内容的浸润与包摄。只有这样,才是真正的"领悟深化"。

语文教材的许多篇章都是脍炙人口的名篇，可学习借鉴之处非常多，学生可根据教学内容和个人理解加以选择、学习，如可以感受语言的音节美、品味词语的意蕴美、体味语境、探索技巧、品评风格等。总之，在本阶段就是让学生深入课文、积累语言、增强语感、体会情境，进行个人积淀。

(五) 拓展生成

拓展生成指向生活延伸、向时代开放，将有关内容融入个人实际生活中，并逐渐内化，生成文化品格。生成其实是贯穿于整个课堂教学中的。单独把它作为一个环节，一方面是为了强调生成的重要意义，另一方面是将生成指向个人实际，直逼个人心灵深处，引起学生对"理想境界"和"个人实际"的思考，增强体验，更自觉地促进内化。使学生能在一个新的坐标系上、以新的视角来看待社会、看待人生。

语文学科是一门人文学科，课文富含人文精神、人文价值、人文关怀，易于在潜移默化中对学生进行人文教育。教学大纲也很重视这一点。然而，在课本编排和教学实践中，却大多仅仅从知识角度来处理，把人文价值塞给学生，忽视个人体验在内化过程中的作用。从语文教材的练习设计中可以看到，练习大多是对作品反映的时代、社会及作品人物的直接评价，很少要求学生思考现实生活及个人问题，忽视引导学生思考有关人生问题。即使要求学生学习，也仅把现成的榜样和价值观塞给学生。久而久之，使学生误以为良好品质的形成就是简易的"向英雄学习""模仿英雄行为"，无须思考。这些做法使学生在一些问题上缺乏应有的理解能力、分辨能力、鉴赏能力和起码的宽容心态。语文教材中所选的文学作品，从不同角度向我们呈现了不同时代的社会背景、价值观念、行为方式、人物形象，反映出不同时代、不同国家的不同作者对社会人生的不同体验和不同评价。随着时代的推移，现代人对古代作品中的人物、事件、价值观、行为方式都应该有不同于古人的认识、思考和评价。语文教学在引导学生学习不同时代文学作品时，应该针对作品实际，引导学生联系今天的时代和背景，利用学生已有的生活经验，对不同作品进行体验、思考和认识，使学生在学习作品的过程中，并不总是接触一些远离现实感受的东西，而是经常思考一些与自己密切相关的问题，诸如人生观、价值观、行为方式、待人接物、合作精神、家庭亲情、友谊、爱情等等。然后,通过写人生感悟、评价人物的思想及精神、由课文引发的联想议论等表达出来。

　　以上对教学模式做了简单介绍,它反映的仅是发展性语文课堂教学的一个基本序列,具体的教学受到时间及内容的限制,在一节课中往往仅能体现其中一个或几个环节,因而,在实际教学中要根据情况加以调整。如"整体感知"环节在一节课中就应占较长时间,否则,学生无法了解课文全貌。假定在"整体感知"阶段学生非常动情,我们也没必要非按部就班地展开"讨论交流"而中断了感情的发展,而应在教师精要点拨的基础上进行感情升华。各环节是为了叙述方便才分开的,在教学实际中可相互融合,如篇幅较长的课文,亦可分段教学,边感知、边品读、边讨论。模式是固定的,运用是灵活的。所谓"运用之妙,存乎一心"是也。只要达到了目的,方式方法是次要的。

附发展性教学案例

《黄鹂》教学设计

学习目标：

(1)由思路入手分析评价本文的哲理，特别要注重哲理的现实意义。

(2)借鉴课文的写法，学习精彩的语言。

学习重点： 课文最后说理部分。

学习难点： 本文继承了中国传统散文中的含蓄手法，在平淡的叙述中蕴积着深沉的情感，但由于时代、年龄、心境的不同，学生可能难以体会。

教与学的方法： 阅读、讨论。

教与学的进程：

激发蓄势：

大家见过黄鹂鸟吗？它色彩艳丽，羽毛金黄，特别在春天，有绿树做背景，更加漂亮；黄鹂叫声诱人，姿态矫健，备受人的喜爱。唐代诗人杜甫在《绝句》中曾写过黄鹂，大家还记得吗？（待学生回答后，大屏幕上出示该诗：两个黄鹂鸣翠柳，一行白鹭上青天，窗含西岭千秋雪，门泊东吴万里船）。唐代另一位诗人韦应物也写到……大家一齐说。（大屏幕出示：《滁州西涧》：应怜幽草涧边生，上有黄鹂深树鸣，春潮带雨晚来急，野渡无人舟自横）。还有儿歌"春天在哪里？……这里有红花，这里有绿草，还有会唱歌的小黄鹂……"今天咱们来看一下孙犁笔下的黄鹂又是什么样的呢？

整体感知：

(1)初读课文：大家快速浏览全文，了解本文的大致内容。筛选归纳作者与黄鹂的四次相遇的时间、地点。

(2)细读课文，筛选归纳出四次追寻的黄鹂有何不同，作者的心情有何变化，同时记出自己的疑难问题。

[与学生一同归纳(1)(2)的答案，详见板书，如表1所示。]

(3)朗读课文，反复读从第四次见到黄鹂的情景直到结尾，体会作者抒发

教学的思考与写作

的感情，找一找作者的行文思路。

表1　板书设计

	"我"遇见黄鹂	黄鹂生存的环境	黄鹂的状态	"我"的情感
叙事	第一次	战火中	英姿勃勃：尖利、富有召唤性和启发性的啼叫；迅若流星，一闪而过的姿态；金黄，映照阳光的羽毛	狂热
	第二次	深密幽静的林子猎枪瞄准	好像安家落户一去不返	高兴惋惜
	第三次	鸟市上	被系、被玩弄、神气凄惨、羽毛焦黄	愤怒担忧
	第四次	江南：湖光山色、密柳长堤、茂林修竹、桑田苇泊、乍雨乍晴	伴着春雨、宿露啼叫，伴着朝霞、彩虹飞翔，展示全部的美	快乐
议论	象征义	艺术、美的事物的生存环境	艺术、美好事物	各种事物在合适的环境里才能发挥极致

讨论交流：

针对以上问题以及自己提出的疑难问题展开讨论，力求让同学相互解决。在与学生共同归纳问题答案时，切忌把自己的答案作为唯一标准，要积极吸纳言之成理的创新意见。

重点引导学生分析本文是如何从叙事转到说理的，明确几点：（1）从特殊到一般：由黄鹂到虎、鱼、驼、雁，再引申为艺术的极致。（2）比较前三次环境的异同，前三次没达到极致的原因是没有找到典型环境。

对可能遇到的问题教师备课时要心中有数，如课文为什么要写与黄鹂无关的海鸥？"典型环境中的典型性格"的含义是什么？"史同志""穿皮大衣的中年人"各代表什么？等等。

领悟深化：

朗读全文，重点朗读自己喜欢的段落，仔细揣摩句式上有什么特点，对增强表达效果有何作用，并试着熟读、背诵。

教师提示： 最后五个自然段。

拓展生成：

联系生活实际，谈谈你对本文哲理的理解。（本文哲理为万事万物都有极致，典型环境中的典型性格。该部分是本节课的重点和出彩部分；从教学实践看，学生大都能联系实际，谈出切身感受，从动物生存的环境和人类生存的地球，从班级氛围到人与人心灵的沟通……显示了学生较好的理解能力和洞察力，也使学生在相互交流中加深了理解；课堂气氛热烈，达到本节的高潮。）

教师总结： 山水无知，蝶雁无情，但是它们对人一视同仁，既不因达官显贵而呈欢卖笑，也不因山野渔樵而吝丽吝彩，只是以自己的方式生活着。但是它们要想正常地活着，就需要一个适合它们的环境。人类要想与之和谐相处，也需要为它们提供一个好的环境，这就点明了环境的重要性。物与人的关系如此，人与人也如此，从一定意义上说，你就是别人的环境，我们应遵循"己所不欲，勿施于人"的训诫，为自己为他人撑起一片蔚蓝的天空。

教育科研

山东省普通高中大学先修课程建设调查与研究

摘 要：大学先修课国外已开设多年，国内也多有尝试。山东省教育厅 2017 年发布文件，支持高等学校与普通高中合作建设大学先修课程。本研究借鉴国内外大学先修课的课程建设经验，通过问卷调查，分析了山东省大学先修课建设的状况，探讨了山东省大学先修课的课程体系建设、设计原则、实施办法、评价办法，为具体实施提供借鉴。

关键词：普通高中 大学先修课 课程建设 问卷调查 实施评价

课题来源：本文系山东省教育科学"十三五"规划 2019 年度一般资助课题"普通高中大学先修课程建设的理论与实践研究"（项目编号：YZ2019013）的研究成果之一。

大学先修课程是指在高中阶段开设的，供高中学生选修，其难度相当于大学初级阶段学术标准与学业水平的一系列课程。大学先修课能有效缓解大学与中学教育的断层问题，实现二者的有机衔接，能拓宽学生学习空间，培养高中学生的职业意识与专业兴趣，形成体系开放、机制灵活、有机衔接的人才培养机制，全面提升人才培养质量。

2017 年 6 月 6 日，山东省颁布《关于高等学校与普通高中联合育人的指导意见》，明确指出："高等学校和普通高中坚持协同推进、合作共赢""支持高等学校与普通高中合作建设基于高中课程的高等教育基础课程（大学先修课程），鼓励学有余力和具有潜质的高中学生先行修习"。大学先修课程的开设对山东省课程建设、教学方式、课程与考试评价、录取方式的变革等将会起到积极的推动作用。

多年过去了，大学先修课推进情况并不乐观。笔者对山东省大学先修课建设的相关情况进行了调查，并重点就课程实施方式和评价办法进行探讨，以此就教于方家。

一、大学先修课在山东省的发展现状

国内的大学先修课先是从上海、北京发展起来的。早在1996年南京大学、浙江大学、西安交通大学、上海交通大学以及清华大学等高校联合南京金陵中学举办教改实验班，初次尝试中国大学先修课。2002年，华东师范大学第二附属中学针对已获得保送大学资格的优秀高三学生开设《线性代数》《C++语言设计》等大学先修课程，该课程由华东师范大学和上海交通大学的教授任教，开启了中国大学先修课程的序幕。2009年，北京大学利用暑假时间面向感兴趣的高中生开设了7门暑期大学先修课程；2013年春季，北京大学与全国部分中学试点合作开设"中国大学先修课程"（advanced pre-university courses，简称AC），供学有余力的高中生学习；同年2月，北京大学在全国20多所重点高中设立试点，开设了包括微积分、大学化学、电磁学、中国通史、中国古代文化在内的5门课程。为了能够系统地设计、组织和管理先修课程，中国教育学会联合多所知名大学、一流中学共同启动中国大学先修课程（chinese advanced placement，简称CAP）项目，组织各学科领域专家及带头人对先修课程的研发、管理及运行等方面进行研究；到2014年8月份，共有26个省64所学校成为"中国大学先修课程试点项目首批试点学校"。2015年11月，清华大学、复旦大学等国内知名的十多所高校共同发起了"MOOCAP课程（中国慕课大学先修课）"，通过网络平台面向全国优秀中学生开设大学课程，首批上线了微积分、线性代数、大学物理等先修课程。在短短的时间内，大学先修课程在中国的迅猛发展，考生人数也在迅速增长。

随着大学先修课在国内兴起，山东省内一些重点中学也开始对大学先修课进行探索与研究。2014年，山东省内两所高中，青岛二中和东营市胜利第一中学成为"中国大学先修课程试点项目首批试点学校"，青岛二中制定了《青岛二中大学先修课程实施细则》，成立大学先修课项目组，以保证课程实施的顺利进行。2015年日照一中加入北京大学AC项目，开设了线上加线下的大学先修课程。总的来说，各地只有部分重点高中了开设北京大学或清华大学的课程，其他高中很少开设。

由此可知，山东省的大学先修课主要是高校和中学自行联合开设，没有统一的课程标准和评价体系，很容易使大学先修课陷入"圈生源"的误区，最终与开设先修课的初衷背道而驰。

随着课程改革的进一步推进，山东省教育厅开始重视大学先修课程建设。除了在2017年专门出台文件外，2018年6月在济南大学召开了专题调度会，要求省内的大学、高中结对合作，要求每个学校提交一份工作方案。但几年过去了，实施情况并不令人满意：除了山东大学和山东省实验中学、中国海洋大学与青岛三十九中合作开设课程外，其他鲜有耳闻；不仅如此，随着近年来自主招生、强基计划等招生政策的变化，AC、CAP、MOOCA也在高中逐渐式微。

综上所述，各地高中仅仅开设了别人开发的课程，山东的大学和高中几乎没有开发大学先修课程。

大学先修课是连接高中和高校的一个很好的纽带。为什么对大学、高中都有利的事情却推进得不好？或者说高中和大学并不感兴趣？这是值得我们探讨的。

二、对大学先修课建设的问卷调查

课程建设涉及课程目标、课程开发、课程实施、课程评价等诸多方面。为深入了解情况，弄清问题所在，探讨山东省大学先修课建设的具体可行的办法，我们发起了一项问卷调查。

(一) 调查对象及方法

本次调查主要针对大学一线教师、大学招生办公室教师、课程研发单位、高中一线教师等可能与大学先修课相关的人员。调查采用的是随机调查问卷，以电子邮件的形式将问卷发送给能够联系到的300位调查对象(每类调查对象各75人)，他们填完后再以电子邮件的形式返回。

本次共发放问卷300份，回收267份，回收率89%。（调查问卷见附件）

(二)调查问题及分析

Q1：请问您的职业是？

通过分析我们发现，回收问卷267份，有效问卷266份，其中74份来自高中一线教师（约占总数的27.8%），71份来自大学招生办公室教师（约26.7%），63份来自课程研发人员（约23.7%），仅有58份来自大学一线教师（仅占21.8%）。这一现象说明长久以来的招生政策决定了跟高考升学具有直接关系的人会更加关心学生的发展，同时禁锢了大学一线教师对学生的选择，这部分选择由大学招生办公室教师来进行，就影响了部分具有专业特长学生的未来发展。

Q2：您对大学先修课的了解情况是？

对于大学先修课有18位被调查者表示不了解，其中包括大学一线教师11人；对于大学先修课表示听说过的有96人，有一些了解的为159人，且多为大学招生办公室教师、课程研发单位，没有人对于大学先修课表示十分熟悉。在对大学先修课的了解情况调查中我们发现，多数大学一线教师对大学先修课并不是很感兴趣，关心大学先修课的更多是招生办老师和课程研发单位的老师，而高中一线教师较少的原因可能是在山东省很少有高中大学开设先修课，且大学先修课与高考升学没有直接联系。

Q3：根据您的了解现在高中生上大学后对专业的满意度如何？

有4人认为现在高中生上大学后对专业非常满意，81人认为比较满意，173人认为一般，剩余8人认为大学生对他们所学专业比较不满意。可见大学生对专业的满意程度并不高，这一方面可能是由于为了进入大学而选择了自己不喜欢的专业，另一方面可能是由于报考前对专业的不了解。

Q4：您认为大学是否有必要在高中开设大学先修课？

面对高中生上大学后对专业的满意程度较低这一社会现象，所有被调查者都认为我们有必要开设大学先修课，让学生在报考前对自己的专业有所了解。

Q5：您认为大学先修课在中学与大学衔接方面能起到哪些作用？

对于这个开放性的问题，有128人认为大学先修课能够起到引导作用，能帮助高中生更好了解自己想要报考的专业，有助于高中生更好地选择自己喜欢的专业。117人提出先修课可以起到一个桥梁纽带作用，提前了解大学的整体情况，大学先修课的学习有利于学生进入大学后课程的衔接，角色转换更加得心应手。还有老师提出学习大学先修课有助于部分高中知识的理解。

Q6：对于大学先修课课程建设，您建议开设哪些方面课程？（可多选）

有34位老师只建议开设专业引导类课程，其他老师均建议同时开设学术志趣类、专业引导类、职业技能类课程等。由此可见，只有极少数老师依然仅将大学先修课将高考志愿报考相联系，更多老师已经认识到我们要注重学生的全方面发展，将学生的兴趣与职业联系起来，发挥学生的专长，培养专业型人才。

Q7：您认为大学先修课的适用范围有哪些院校？（可多选）

有191位被调查者认为不单双一流重点院校、省重点院校可开设大学先修课，普通高校也应该开设。甚至有42位被调查者认为各职业技术院校也可开设大学先修课。还有33位老师认为仅有双一流重点院校、省重点院校有必要开设大学先修课。这表明了不同层次的学校对学生培养有不同的认知，现在大学先修课的开设应不单面对学有余力的同学，还应为有自己兴趣爱好的同学提供机会。

Q8：为提高课程研发水平，您认为课程研发单位应该有哪些？（可多选）

基于现在课程研发和编制的基础，有183位老师认为课程的研发应该由国家双一流学科建设单位、山东省一流学科立项建设单位和精品课程研制单位来负责。49位老师认为应结合特色专业院校的需求，特色专业院校也应该参与进来。还有34位老师认为大学先修课的适用人群为高中学生，所以高中学校也应该参与到大学先修课的课程研发中来。

Q9：您认为应该由谁来进行大学先修课课程审定和课程准入？（可多选）

176位被调查者认为大学先修课课程审定和课程准入应该由某一高校为主导，多所高校联合审定或者由第三方机构审定；还有部分老师认为基于大学先修课的特殊性在课程审定和准入中需要课程研发单位、招生院校、高中学校的参与。

Q10：您在大学先修课的课程开发方面有哪些建议？

有149位调查者回答了这一问题，多数被调查者对大学先修课的了解并不多，更多的诉求是来自高中一线教师，他们希望大学先修课不再局限于学有余力的同学，还应为对大学某些专业有兴趣并有一定专长的同学，针对学生的个人兴趣爱好拟定学生自己本人喜欢的专业课程。有被调查者认为课程一定要在高中和大学阶段起到衔接作用；在教学内容上，与高等学校做好对接，改造大学课程，实现校本化建设；在教学模式上，建议采用线上线下混合教学模式，理论和实践相结合；在效果评价上，建议采取高中、大学二元评价模式。

Q11：您认为大学先修课的模式哪种更好？

相较于传统的线上教学和线下教学模式，所有人都选择了网络、多媒体技术与传统教学方法相融合的模式。这也符合了目前大学先修课教学的特征。

Q12：在大学先修课授课过程中，您认为谁更适合进行教学？

在授课教师中没有人选择高中教师单独教学，有77人选择大学教师教学，129人选择高中教师为主，大学教师为辅，60人认为应该以大学教师为主，高中教师为辅。部分调查者认为大学先修课的内容更加倾向于大学内容，因此更适于大学教师来进行授课。经回访发现部分人考虑大学先修课面对的群体为高中生，高中教师更加了解学生的认知及学习习惯，能够更好地将知识教授给学生，有利于学生的理解学习，但鉴于教学内容相当于大学初级阶段的学术标准与学业水平，大学教授对教学内容更为熟知，可以很好地弥补高中老师的部分知识空缺，因此更多人选择高中教师为主，大学教师为辅进行教学。

Q13：对于大学先修课的教学评价，您认为该如何进行？（可多选）

教学评价是教学过程的整体评价，97人选择考试+考查的方式，26人选择线上成绩+线下成绩的评价方式，同时有老师提出在考试的同时过程我们可以用总结报告的形式进行展示，考虑技能类专业的考查可用操作展示（如针灸）和作品呈现（如黑陶）的形式。

Q14：您认为应该选择哪种大学先修课成绩的呈现形式？

78人选择分数的成绩呈现形式，163人选择等级的成绩呈现形式，还有老师提出可以参照山东省现在实行的赋分制。传统的课程分数多用分数的形式来呈现，但基于山东省等级性考试的形式，本文建议将成绩化为等级，然后赋分，体现了学科间的公平性。

Q15：您认为大学先修课成绩认定标准应该由谁来制定？

对于成绩认定标准的制定单位，有63人选择了课程研发单位，41人选择了招生院校，没有人选择高中学校，同时有人提出我们可以请第三方来制定成绩认定标准，这样更具公平公正性。课程研发单位更加了解课程组成和学习要求，他们制定成绩认定标准能够更好体现知识的标准要求，招生院校对学生具有一定的选择权。

Q16：您认为大学先修课成绩应由谁来进行认证？

鉴于以往的经验，有198人选择由课程研发单位来进行大学先修课成绩的认证。但成绩的认证需要公正性，所以45人认为应该有第三方机构来进行认证，仅有20人认为可由招生院校来进行成绩认证。

Q17：您认为大学先修课成绩有哪些应用？

成绩的应用是大家最关心的问题，172人认为大学先修课成绩可以提供给相关大学作为招生的参考或依据，有27人认为可用于授予大学学分，有67人认为可授予中学学分。这说明在大学先修课的选修中大部分人更加关心的是高中期间学习的内容能够为学生高考升学中提供什么依据。

Q18：您认为大学先修课成绩授予大学学分，各大学学分是否应该互认？

认为各大学学分应该互认的有252人，不应互认的有14人，还有部分人提出应该根据课程的实际情况来决定，例如可以设计个性化方案，考研或专升本的学生可以将原毕业院校的学分转到申请的大学。这提示我们，在课程的设计时需要我们考虑课程是适用于各高校的招生还是针对某所高校某一专业的招生。

Q19：若各大学可学分互认，您认为该如何实施？

有人提出可以由一所该专业在所有设置该专业的高校中处于领先地位的高校领头，各高校制定统一标准，出台相关措施；也有人提出可以成立第三方机构来制定学分互认实施标准。

Q20：您认为大学先修课体系管理该由谁进行？

有112人认为大学先修课体系管理应由招生院校来进行，104人选择第三方机构，没有人选择高中学校。还有老师提出，可由山东省教育厅成立相应的部门专门负责大学先修课体系管理。

Q21：您认为是否需要专门设立大学先修课管理平台？如果需要专门设立大学先修课管理平台，您认为需要如何设立？

所有被调查者都认为需要专门设立大学先修课管理平台，而不是由高校或者高中学校来进行管理。有老师提出需要国家层面出台政策来支撑大学先修课的开设，由国家来设立管理平台。也有老师提出可以由多所高校共同商讨形成统一观念，然后由每个学校派出代表组成大学先修课管理平台。由非国家教育领域的第三方专业机构来负责管理平台是部分老师所希望的。

Q22：您认为可选修大学先修课课程的学生范围有哪些？

34人认为学校前5%的成绩优秀的学生可选修大学先修课的课程，因为他们成绩优秀，可以通过大学先修课拓展视野，提升学习能力。51人认为对特定专业感兴趣的学生也可以选修大学先修课，有利于高中生在高中阶段更好地了解相关专业，并初步学习专业知识，做到进入大学后能够更好地开展学习。181人选择普通学生都可选修大学先修课。

Q23：您在学科学生管理方面您有哪些好的建议？

多数被调查者认为应建立多学科、多渠道、多方位的学科管理体系；应全面地发展学生的兴趣爱好，发挥学生的特长，多组织一些活动。多数被调查者认为学生管理问题应该由高中老师进行；应实行导师负责制，以更好地关心学生的学习和心理动态。

Q24：您认为大学先修课的开设还面对哪些问题？

调查发现，被调查者认为最需要解决的是如何将大学先修课与高考录取相关联，还有高中学校与高校沟通的问题、师资问题、课程体系构建问题等等。同时还存在无相应教材、如何实现监控学生上课效率的问题，以及学生是否愿意把业余时间拿来花费在自己的选修课程上等问题。

Q25：为了早日实现山东省大学先修课的落地实施，您认为我们还要作何努力？

从实施层面上看，要制定出完整的教学计划、选修科成绩划分标准、选修课专业，制定具体可行的操作办法。同时积极与高校和教育厅沟通，从政府层面出台相关政策支持大学先修课的实行，做好宣传，让每一名大学生全面了解大学先修课。

(三) 调查结论

通过本次调查问卷发现，招生政策决定了人们更关心的是高考升学问题。普通高中大学先修课程若要得到健康快速的发展，需要招生政策的支持，也要建立完整、科学的课程体系，形成统一的课程标准和评价手段。如果没有系统的设计及操作，单靠大学、中学自己去探索，恐怕很难持续下去。

要明确课程定位，课程开设要有利于发现学术性人才，有利于培养学科拔尖学生，有利于招收职业技术专长的学生。在构建课程体系方面，建议开发学术志趣类、专业引导类、职业技能类课程。应提高课程研发水平，建立课程审查机制。应关注学生学习过程，创新教学方式。应构建分层评价系统。建立统一的管理平台。

(四) 建议

首先，明确课程定位。山东省的大学先修课不是美国 AP 课程的翻版，也不能简单引用国内已有的课程，而应该按照中学和大学衔接的基本原理，从山东省基础教育和高等教育的实际出发，设计开发新的课程体系。要立足山东高中教学与高校招生实际，赋予新的内涵，发挥更大作用。课程应符合国家重大战略的需要，符合基础学科的需要。课程建设要与强基计划、工匠培养结合起来。课程开设有利于发现学术性人才，有利于培养学科拔尖学生，有利于招收职业技术专长的学生。

其次，构建课程体系。根据山东省教育改革的形势，建议开发学术志趣类、专业引导类、职业技能类课程。学术志趣类课程可以借助国内现有的资源，认可北京大学、清华大学、中国教育学会的大学先修课程；遴选省内有特色的大学学科和专业，开发新的课程。这类课程应面向学有余力的、有学术兴趣的学生。专业引导类课程意在引导学生了解某种学科和专业，面向全体学生，可重点介绍国家、山东省经济发展和社会需要的专业。职业技能类课程应面向有明确的专业兴趣、动手能力强的学生，应强化职业兴趣、让学生参与相关专业的实践，例如针灸推拿等。

第三，提高课程研发水平，建立课程审查机制。课程研发单位原则上应是国家双一流学科建设单位、山东省一流学科立项建设单位、精品课程研制单位。要明确课程研发主体责任，认真规划课程目标、内容、原则、课时、评价等问题；应建立不同领域的课程审查委员会，评估相关课程。

第四，关注学生学习过程，创新教学方式。应建立线上线下相结合的授课体系，注重学生动手能力的培养。应积极探索基于情境、问题导向的互动式、启发式、探究式、体验式等课堂教学。注重加强课题研究、项目设计、研究性学习等跨学科综合性教学，认真开展验证性实验和探究性实验教学，促进学生自主、合作、探究学习。还应注重对学生学习过程的评价，更多地采用探究性、实践性、综合性作业。

第五，构建分层评价系统。根据课程难易程度、课程开发者的学术水平，结合国家和山东省的战略需求，将课程分为 A、B 两级。A 级课程主要是学术类课程和专业引导类课程，可以作为强国计划、综合评价招生的报考条件或报考依据，主要面向本科院校，建议在鲁招生的大学使用。B 级课程主要是专业引导类和技术类课程，主要用于职业技术学院综合评价招生。A、B 类课程成绩的呈现都要分为不同层级如优秀、良好、合格与不合格，便于不同的大学认可不同的成绩。例如，某大学数学专业可以规定，只有获得微积分优秀成绩的才可认定大学学分；另一所大学的数学专业则只需获得"合格"的成绩就可以认定学分。

建立多元化的评价方式，注重过程评价，考查方式应灵活多样，不一定采取传统的卷面考试。先修课程经课程研制主体单位审核通过后予以学分认定，认可的范围是同一层次学校的相同专业。大学亦可与中学合作认定学分，中学应专门成立学分认定委员会，负责学生学分认定工作，以增强学分认定的可信度。

第六，建立统一的管理平台。平台要具有权威性、普适性和公信力，统一管理、监督全省大学先修课的具体事宜，如课程研发、组织实施、课程评估、学分管理等。可以参照普通高中国家课程方案对相关学时学分进行规范，例如 18 学时的课程可认定 1 个学分，36 学时的课程可认定 2 个学分。平台对学生的登陆时间、学习时长、日常作业、标志性成果、考核成绩、授予学分要有记录，可以提供给相关大学作为招生、授予大学学分的参考或依据。

三、大学先修课课程实施方式

(一)线上授课的 MOOC 模式和 SPOC 模式

MOOC 模式:"MOOC"是英文"massive open online courses"的首字母缩写,即"慕课",是一种常见的在线学习方式。MOOC 模式是由高校提前录制大学先修课的课程内容,学生在网页或移动客户端进行在线学习。这种模式以北京大学、清华大学为代表。

SPOC 模式:SPOC 模式是英文 small private online course 首字母的缩写,从其命名就可以看出它与 MOOC 模式有所区别。这种模式是浙江大学探索大学先修课的成果。2013 年 9 月开始,浙江大学与湖州中学开展合作,47 名高二学生自愿选修了"物理学与人类文明"。学生通过网络视频和浙江大学的学生们同时上课,他们可以远程向老师提问,也可以与老师互动。

(二)线下授课:走进课堂以及为适应课程特点而形成的教学模式

在地缘相近的前提下,高校派教师到高中给学生当面授课,或者高中学生走进高校课堂。大学教师到高中,可以采用开设讲座、指导实验和辅导竞赛的形式。

根据不同的课程特点,尤其是需要动手操作或者实地考察的课程,建议高中在每个学期设置 1~2 个实践周,或者通过走班、走校的方式来实施教学。鉴于大多数课程需要兼顾理论和实践,因此"在高中教授理论+在高校进行实践"的模式更可行。具体来说,高校将实验室、图书馆向合作高中学生开放,并开展相关的教学活动。例如开设"中医养生""身边的中药""现代发酵技术与生活""有益于大脑的中医运动养生""改变人类生活的生物工程""经络与穴位的奥秘""现代美容医学"等医学类大学先修课。医学类课程因其特殊性对学习条件有特殊要求,比如对中药的识别和美容医学,应由学生到药房或者医院科室进行实地学习。

1. 基于情境、问题导向的探究式教学

探究式教学又称"做中学"、发现法、研究法,是指学生在学习概念和原理时,教师只是给他们一些事例和问题,让学生自己通过阅读、观察、实验、思考、讨论、听讲等途径去主动探究,自行发现并掌握相应的原理和结论的一种方法。在探究式教学的过程中，学生的主体地位、主动能力将得到加强。例如，在高中开设"明日导游""社交礼仪""小小救生员""中餐厨艺""西餐厨艺"等职业技能类先修课时，即可采用探究式教学。以"小小救生员"为例，学生需要先学习辨识伤口、包扎伤口等理论知识，然后再进行相应的实践；教师指导实践的过程中，引导学生自主学习、深入探究、小组合作交流，在授课过程使学生处于主体地位，从而使学生在自主学习中掌握相关要求。

2. 基于情境、问题导向的体验式教学

体验式教学法是指在教学过程中为了达到既定的教学目的，从教学需要出发，引入、创造或创设与教学内容相适应的具体场景或氛围，以引起学生的情感体验，帮助学生迅速而正确地理解教学内容，促进他们的心理机能全面和谐发展的一种教学方法。体验式教学法在职业技能类课程中被广泛应用。面对新课改，高中面临的困境是职业技能类课程因缺少专业教室和实训设备，开设起来难度很大，而高中和高等院校合作开设大学先修课使这个问题迎刃而解。在掌握相关理论的前提下，课程"明日导游""小小救生员""西餐烹饪"均需要实践和操作才能真正掌握相关知识。"明日导游"可以使用的实践教学实验室，让学生体验在头等舱的感觉，收获作为导游的种种体验；"小小救生员"的部分课程，可以让学生在航空实训中心的空客机舱中进行，学生亲历现场，学习和体验客机逃生和航空急救知识，这能让学生扎实掌握救生技能；同时，在掌握心肺复苏的基础上，学生面对模拟病患，进行心肺复苏，学会急救方法。当然，为方便学生观摩、学习，授课地点也可以选择学生所在的高中；如"中式烹饪课"课程，可以高校教师到高中现场示范、学生在现场仔细观摩、回家实践操作并拍下自己操作的视频、做"烹饪学徒"笔记的方式进行，学生通过在家自己实践烹饪过程来体验烹饪，然后展示自己的厨艺，拿到相应学分。

3. 基于情境、问题导向的启发式教学、互动式教学

启发式教学指教师在教学过程中根据教学任务和学习的客观规律，从学生的实际出发，采用多种方式，以启发学生的思维为核心，调动学生的学习主动性和积极性，促使他们生动活泼地学习的一种教学指导思想。

互动式教学就是通过营造多边互动的教学环境，在教学双方平等交流探

讨的过程中，达到不同观点碰撞交融，进而激发教学双方的主动性和探索性，达成提高教学效果的一种教学方式。这种方法主题明确、条理清楚、探讨深入，能充分调动学员的积极性、创造性。但缺点是组织难度大，学员所提问题的深度和广度具有不可控制性，往往会影响教学进程。互动式教学主要包括主题探讨式互动、归纳问题式互动、精选案例式互动、多维思辨式互动这几种类型。

启发式教学、互动式教学无论在理论课程还是实践操作类课程中均有其独特的优势。例如，课程"社交礼仪"是一门素质教育通识课，它不仅要求学生掌握相关理论知识，更重要的是将社交礼仪知识娴熟地运用到日常生活和工作环境中，那在大学先修课中如何进行课程实施和教学？在现场教学时，对于"社交礼仪"课程的理论部分，为了让欠缺丰富生活经验和社会经验的高中学生更好地理解和掌握"社交礼仪的专业能力、方法能力、社会能力分别包括哪些？"这类问题，可以采用启发式互动或归纳问题式互动教学，主讲教师向高中学生提出问题，以启发学生思维为核心，运用各种方式调动学生的积极性和主动性，促使学生在积极主动的探索中掌握课程理论知识。在学生掌握社交礼仪理论的基础上，教师运用精选案例式互动教学，教师选取典型个案，首先运用多媒体呈现精选的社交礼仪案例，请学生观看并在观看的基础上指出案例中社交礼仪的不得体之处，并请学生在已有知识的基础上尝试提出解决方案，在学生回答的基础上，教师勘校正误并设置悬念，然后抓住社交礼仪案例中的重点做深入分析，并上升为理论知识。"社交礼仪"课程最重要是在特定情境中运用，因此，教师要创设情境，比如个人形象礼仪、会面礼仪、通信礼仪等，在面对面授课时，教师可以在创设的情境下做示范，并给学生布置即时模拟任务，学生单独模仿、其他学生和教师点评，或者在特定情境下比如会面礼仪和通信礼仪情境下，由教师和学生扮演不同角色完成模拟任务，在生生互动、师生互动中让学生掌握社交礼仪。

4. 跨学科综合性教学

高中课程和大学课程无论在专业知识的广度和深度还是在课程的难易程度上都有明显区别，在一定程度上给课程实施带来了困难，跨学科综合性教学是一种很好的教学方法。

跨学科多专业综合实践教学是指同一学科不同的专业方向和其他学科的不同的专业方向围绕一个项目共同开展实践教学活动的一种教学组织形式。在大学先修课的课程实施和教学中，跨学科综合实践教学可以使先修课课程和高中的必修课知识完美对接，让大学先修课和高中必修课相辅相成、互相促进。

例如，高中课程中地理、生物知识相对全面、丰富，而在大学先修课中的导游课程的实施是以地理、生物学科知识为依托的；大学先修课中的餐饮制作类课程需要学生掌握相应的化学知识，否则学生很难理解烹饪化学环节中食物发生的化学变化，而这与高中化学知识密切相关。相应地，在导游课程、中西餐烹饪课程中，综合运用实践教学，可以让学生在实践中体验过程、收获知识。

5. 实验教学

实验教学是指学生在教师的指导下，使用一定的设备和材料，通过控制条件的操作过程，引起实验对象的某些变化，从观察这些现象的变化中获取新知识或验证知识的教学方法。在物理、化学、生物、地理和自然常识等学科的教学中，实验是一种重要的方法。一般实验是在实验室、生物或农业实验园地进行。实验教学法包括验证性实验教学和探究性实验教学。

大学先修课的课程类型之一是实验类课程，鉴于实验条件的特殊要求，实验类课程的实施和教学主要以高中学生到高校课堂和实验室、观摩教师示范并在高校教师指导下进行实验的方式进行。例如观察青蛙腓肠肌的坐骨神经被刺激后的收缩情况，学生每人一套实验器材，在高校老师的指导下，观察青蛙神经被刺激后的收缩情况，并在观察和实验过程中探究科学原理、获取科学知识。

综上所述，不同类型的大学先修课的课程特点不同、所需的现实条件也不同，在课程实施和教学方法上也有所区别。山东省只有选择适合课程特点和现实条件的课程实施和教学方法，才能更好地发挥大学先修课的作用，使之有益于学生成长和学校发展。

四、改革考试评价方式，构建分层评价系统

应根据课程难易程度、课程开发者的学术水平，结合国家和山东省的战

略需求，将课程分为 A、B 两级。A 级课程主要是学术类课程和专业引导类课程，可以作为强国计划、综合评价招生的报考条件或报考依据，主要面向本科院校，建议在鲁招生的大学使用。B 级课程主要是专业引导类和技术类课程，主要用于职业技术学院综合评价招生。根据课程分类的不同，考核评定方式也应区别对待，原则上应进行结果性评价和过程性评价相结合、定量与定性分析相结合的多元化的评价方式，具体考查方式应灵活多样，以便更为客观全面地为高校招录和学生的志愿选择提供参考。

（一）A 类学术类课程和专业引导类课程的考核评定

对于 A 类学术类课程和专业引导类课程，既要重视统一考试的成绩，同时也要重视学生的日常学习表现，在具体操作上，笔者建议考试成绩占比70%，日常学习表现占比30%，这样的配比设定，既能避免日常表现比重过低不足以引起学生重视，又能防止比重过高导致教师权力过大。

1. 统一考试

大学先修课的考核方式，应以考试为主，考生可以在合作试点的高中报名参加考试，亦可通过中国大学先修课慕课的学习方式进行考试报名。考试具体命题由国家 CAP 统一命题，具体命题原则、考试组织形式同国家 CAP 考试。具体如下。

首先，在考试命题上，为保证考试试题的权威性，考试各科要成立相应的专业团队，包含命题组、审题组、判卷组、专家组等，可由大学专家教授依据大学学科能力要求命题、审题和判卷，以保障试卷的效度和区分度。

其次，在考试设计原则上，为使 CAP 考试能充分考查出学生的学科特长、偏好及思维品质，在试题设计方面，应注意下几方面的原则：第一，能力导向原则——注重考查学生的学科核心素养，不提倡大量重复练题应考、不覆盖所有知识点，侧重于考查对概念、原理的深度理解，以及学科思维的能力。第二，开放性原则——鼓励学生拓展思路、积极探索，衔接大学测试方式，通常不设置选择题、填空题，以开放性的题型为主，通过推理、探究充分展示学生的解题思路及解题策略。第三，爬梯子原则——让有能力的学生有充分发挥的空间，在课程大纲的知识范围内，对难度不设上限，以考查学生的潜在能力，全面展示学生的知识、技能、能力。第四，时间充裕原则——让学生思考而不是"熟练反射"。给学生留出充裕的答题时间(多数学科为5~8题,考试时间3小时),使绝大多数学生有足够的时间思考。

此外,为保证考试的公正性,整个考试的考务工作可参照国家研究生考务标准执行,试卷从出题、印刷、运输、监考等过程严格保密。考点原则上设置在考生所在市的大学,对于考生所在地无大学的,则由周边城市的大学送考至中学。为避免学生辗转劳累,不建议为简化考务工作而将考点集中设置在省内几个城市。考试纪律严明,每个考试教室安排两名监考教师,而且均配置监控,对整个考试过程录像记录并存档。

2. 学分认定

先修课程经课程研制主体单位审核通过后予以学分认定,认可的范围是同一层次学校的相同专业。大学亦可与中学合作学认定学分,中学应专门成立学分认定委员会,负责学生学分认定工作,以增强学分认定的可信度。平台要具有权威性、普适性和公信力,统一管理、监督全省大学先修课的具体事宜,如课程研发、组织实施、课程评估、学分管理等。可以参照普通高中国家课程方案对相关学时学分进行规范,例如18学时的课程可认定1个学分,36学时的可认定2个学分。平台对学生的登陆时间、学习时长、日常作业、标志性成果、考核成绩、授予学分要有记录,可以提供给相关大学作为招生、授予大学学分的参考或依据。

此外,还要关注学生的日常评价。通过建立线上线下相结合的授课体系,注重学生动手能力的培养。积极探索基于情境、问题导向的互动式、启发式、探究式、体验式等课堂教学。注重加强课题研究、项目设计、研究性学习等跨学科综合性教学。认真开展验证性实验和探究性实验教学,促进学生自主、合作、探究学习,注重对学生学习过程的评价,更多地采用探究性、实践性、综合性作业。该部分应主要反映学生的科研能力、逻辑思维能力和自主思考能力、动手解决问题的能力等,可制作相应的量表。关于量表的制作,可以根据学科需要,各学科制定不同的量表。量表除了应体现学生的基本知识的学习和掌握情况外,应重在体现学生的逻辑思维能力、动手解决问题的能力,鼓励学生大胆创新,对于能够发表科研成果的学生或在相应学科竞赛中获奖的学生更要着重记录在案,为高校招生提供参考。

(二) B 类专业引导类和技术类课程的考核评定

对于 B 类专业引导类和技术类课程，主要是服务于职业技术学院的综合评价招生。因此，在评定考核方式上，要注意体现学生的专业能力和技术水平，建议统一的考核竞赛与日常学分认定相结合。

对于该类学生的考核方式，可组织统一的专业竞赛，如机器人设计大赛、编程大赛等，着重体现其技术能力和专业水平。此外，学分认定方式建议同 A 类学分认定方式。

(三) 考核结果

参考国家 CAP 统一考试的成绩发送方式，在统一考试结束三个月内，为考生寄送考试成绩报告单或者大赛竞赛结果，成绩单或者竞赛结果上除基本信息以外，还要体现总分和百分等级（代表考生在参加此科目本次考试的考生中，所处的大致位置，百分等级越高，则得分所处的位置越靠前），尽量对考生的知识、技能、能力等方面进行全面、深入的评价分析，为考生自身发展、高校甄别学生提供参考，使考试成绩更具有参考价值和意义。A、B 类课程成绩的呈现都要分为不同层级如优秀、良好、合格与不合格，便于不同的大学认可不同的成绩。例如，某大学数学专业可以规定，只有获得微积分"优秀"成绩的才可认定大学学分；另一所大学的数学专业则只需获得"合格"就可以认定学分。

参考文献

[1] http：//www. moocap. org. cn/announcement/#! /. CAP-中国大学先修课

[2] http：//cap. icourses. cn/#cap_ course. 中国大学先修课·CAP 课程

[3] 徐东波. 理想与现实的落差：论美国的"AP"与中国的"大学先修课程"[J]. 考试研究，2017(01)：104-110.

[4] 汪纪苗，林波，屠浩龙，徐玉萍. 普通高中大学先修课程的学生调查和分析[J]. 宁波大学学报(教育科学版)，2014，36(05)：128-132.

[5] 杨凯超，杨正义，朱广天. 现行高中选修选考模式下的大、中学物理课程衔接[J]. 物理与工程，2016，26(04)：18-21.

[6] 戴承芳，吴宝莹. 大学先修课程的价值、教学及评价——以微积分课程为例[J]. 教育研究与评论(中学教育教学)，2016(08)：39-42.

[7] 赵民苍. 大学先修课程在高中历史教学中的实践与思考[J]. 课程教育研究, 2018 (43): 43.

[8] 叶志良, 徐洁. 普通高中大学先修课程建设、管理和质量评价研究——以浙江省为例[J]. 教育与教学研究, 2014(08): 101-104.

[9] 熊丙奇. 以开放原则办好"中国大学先修课程"[N]. 第一财经日报, 2013-01-18 (A07).

附大学先修课调查问卷

2017年，山东省颁布《关于高等学校与普通高中联合育人的指导意见》(鲁教基字[2017]1号)，其指出，支持高等学校与普通高中合作建设基于高中课程的高等教育基础课程(大学先修课程)，鼓励学有余力和具有潜质的高中学生先行修习。为提出针对山东省大学先修课具体可行的操作办法，特作此调查，感谢您抽出宝贵时间参与此次线上教学调查问卷。问卷为匿名制，期待您的反馈！

Q1：请问您的职业是？
□大学一线教师
□大学招生办教师
□课程研发单位
□高中一线教师
□其他职业(请注明)

Q2：您对大学先修课的了解情况是？
□不了解
□听说过
□有一些了解
□十分熟悉

Q3：根据您的了解，现在高中生上大学后对专业的满意度如何？
□非常满意
□比较满意
□一般
□比较不满意
□非常不满意

Q4：您认为大学是否有必要在高中开设大学先修课？
□是
□否

Q5：您认为大学先修课在中学与大学衔接方面能起到哪些作用？

Q6：对于大学先修课课程建设，您建议开设哪些方面课程？（可多选）
☐学术志趣类
☐专业引导类
☐职业技能类课程
☐其他(请注明)

Q7：您认为大学先修课的适用范围有哪些院校？（可多选）
☐双一流重点院校
☐省重点院校
☐普通高校
☐各职业技术院校
☐其他

Q8：为提高课程研发水平，您认为课程研发单位应该有哪些？（可多选）
☐国家双一流学科建设单位
☐山东省一流学科立项建设单位
☐精品课程研制单位
☐特色专业院校
☐高中学校
☐其他(请注明)

Q9：您认为应该由谁来进行大学先修课课程审定和课程准入？（可多选）
☐课程研发单位
☐某一高校主导，多所高校联合审定
☐招生院校
☐高中学校
☐第三方机构
☐其他(请注明)

Q10：您在大学先修课的课程开发方面有哪些建议？

Q11：您认为大学先修课的模式哪种更好？

□线上教学

□线下教学

□网络、多媒体技术与传统教学方法相融合

Q12：在大学先修课授课过程中，您认为谁更适合进行教学？

□高中教师

□大学教师

□高中教师为主，大学教师为辅

□大学教师为主，高中教师为辅

Q13：对于大学先修课的教学评价，您认为该如何进行？（可多选）

□考试

□考查

□考试+考查

□线上成绩+线下成绩

□其他(请注明)

Q14：您认为应该选择哪种大学先修课成绩的呈现形式？

□分数

□等级

□其他(请注明)

Q15：您认为大学先修课成绩认定标准应该由谁来制定？

□课程研发单位

□招生院校

□高中学校

□其他(请注明)

Q16：您认为大学先修课成绩应由谁来进行认证？

□课程研发单位

□招生院校

□高中学校

□第三方机构

□其他(请注明)

Q17：您认为大学先修课成绩有哪些应用？

□提供给相关大学作为招生的参考或依据

□授予中学学分

□授予大学学分

□其他(请注明)

Q18：您认为大学先修课成绩授予大学学分，各大学学分是否应该互认？

□是

□否

Q19：若各大学可学分互认，您认为该如何实施？

Q20：您认为大学先修课体系管理该由谁进行？

□招生院校

□高中学校

□第三方机构

□其他(请注明)

Q21：您认为是否需要专门设立大学先修课管理平台？如果需要专门设立大学先修课管理平台，您认为需要如何设立？

Q22：您认为可选修大学先修课课程的学生范围有哪些？

□学校前5%的成绩优秀的学生

□普通学生都可

□对特定专业感兴趣的学生

□其他(请注明)

Q23：您在学科学生管理方面您有哪些好的建议？

Q24：您认为在大学先修课的开设我们还面对哪些问题？

Q25：为了早日实现山东省大学先修课的落地实施，您认为我们还要作何努力？

【本文为山东省教学科学"十三五"规划2019年度课题"普通高中大学先修课程建设的理论与实践研究"（课题编号YZ2019013）的研究成果，课题于2019年9月开题，2021年6月结题。主持人：高月峰，课题组成员：滕怀勇、王元勤、季盟、许亚楠、夏茂东、彭京兰、蔡明霞、孙晓红、辛本连】

山东省大学先修课课程建设的思考

大学先修课程（advanced placement），简称 AP 课程，是指美国在高中阶段开设的、供高中学生选修、其难度相当于大学初级阶段学术标准与学业水平的一系列课程。

受美国大学先修课的启发，中国尝试开设具有中国特色的大学先修课程。北京大学与全国试点中学合作开设中国大学先修课程，包括微积分、大学化学、电磁学、中国通史、中国古代文学这 5 门课程。2014 年 3 月，中国教育联合学会联合多所大学与各省市一流高中共同启动中国大学先修课程项目。2015 年开始，清华大学等提供在线 CAP 课程（Chinese advanced placement），通过网络途径实现线上教学，向全国优秀中学生开设中国大学先修课程。

2017 年，山东省颁布《关于高等学校与普通高中联合育人的指导意见》（鲁教基字〔2017〕1 号，以下简称《意见》），《意见》指出，支持高等学校与普通高中合作建设基于高中课程的高等教育基础课程（大学先修课程），鼓励学有余力和具有潜质的高中学生先行修习。普通高中要将大学先修课程纳入学分管理计入学生毕业总学分；高等学校及其人才培养联盟学校要对高中学生选修的大学先修课程成果予以认可，学生被合作高校或其人才培养联盟学校录取后，经学生申请、学校审核，可认定相应课程模块的学分。

这个意见，是基于山东省教育改革的现状和要求，做出的一个较为超前的举措。自 2020 年起，大学按照"专业（类）+学校"的方式录取新生。学生要了解自己的专业兴趣，清楚自己的发展方向；大学也要找到适合本专业的学生。高考招生越来越把高中与大学紧密结合在一起。山东省教育厅曾经积极推进这项工作，2018年6月专门在济南大学召开了调度会，引导大学、高中结对合作，还要求每个学校提交了一份工作方案。但三年过去了，实施情况并不令人满意：除了山东大学和省实验中学、中国海洋大学与青岛三十九中合作开设课程外，其他鲜有耳闻；省内的大学提供的大学先修课程很少，各地只有部分重点高中了开设北京大学或清华大学的课程，其他高中很少开设。这种情况不能不令人思考。

为什么对大学、高中都有利的事情，却落实得不好？深层次的问题当然是应试教育的观念作怪，如果一项措施与高考升学没有直接联系，学校、学生和家长就没有动力去做。当然，在现今高考政策收紧的情况下，一个省很难突破政策的限制。但是，仅就从实施层面上看，也缺乏具体可行的操作办法。如果没有系统的设计及操作，单靠大学、中学自己去探索，恐怕很难持续下去。对此，笔者建议从以下几个方面入手。

一、明确课程定位

山东省的大学先修课不是美国AP课程的翻版，也不能简单引用国内已有的课程，而应该按照中学和大学衔接的基本原理，从山东省基础教育和高等教育的实际出发，设计开发新的课程体系。要立足山东高中教学与高校招生实际，赋予新的内涵，发挥更大作用。课程要符合国家重大战略需要、符合基础学科需要。课程建设要与强基计划、工匠培养结合起来。课程开设要有利于发现学术性人才，有利于培养学科拔尖学生，有利于招收职业技术专长的学生。

二、构建课程体系

根据山东省教育改革的形势，建议开发学术志趣类、专业引导类、职业技能类课程。学术志趣类课程可以借助国内现有的资源，认可北京大学、清华大学、中国教育学会的大学先修课程，遴选省内有特色的大学学科和专业，开发新的课程，这类课程面向学有余力的、有学术兴趣的学生；专业引导类课程意在引导学生了解某种学科和专业，面向全体学生，可重点介绍国家、山东省经济发展和社会需要的专业；职业技能类课程面向有明确的专业兴趣、动手能力强的学生，应强化职业兴趣、让学生参与相关专业的实践，例如针灸推拿等。

三、提高课程研发水平，建立课程审查机制

课程研发单位原则上应是国家双一流学科建设单位、山东省一流学科立项建设单位、精品课程研制单位。要明确课程研发主体责任，认真规划课程目标、内容、原则、课时、评价等问题。建立不同领域的课程审查委员会，评估相关课程。

四、关注学生学习过程，创新教学方式

应建立线上线下相结合的授课体系，注重学生动手能力的培养。积极探索基于情境、问题导向的互动式、启发式、探究式、体验式等课堂教学，注重加强课题研究、项目设计、研究性学习等跨学科综合性教学，认真开展验证性实验和探究性实验教学，促进学生自主、合作、探究学习，注重对学生学习过程的评价，更多地采用探究性、实践性、综合性作业。

五、构建分层评价系统

根据课程难易程度、课程开发者的学术水平，结合国家和山东省的战略需求，将课程分为A、B两级。A级课程主要是学术类课程和专业引导类课程，可以作为强国计划、综合评价招生的报考条件或报考依据，主要面向本科院校，建议在鲁招生的大学使用。B级课程主要是专业引导类和技术类课程，主要用于职业技术学院综合评价招生。A、B类课程成绩的呈现都要分为不同层级如优秀、良好、合格与不合格，便于不同的大学认可不同的成绩。例如，某大学数学专业可以规定，只有获得微积分"优秀"成绩的才可认定大学学分；另一所大学的数学专业则只需获得"合格"就可以认定学分。

建立多元化的评价方式，注重过程评价，考查方式应灵活多样，不一定采取传统的卷面考试。先修课程经课程研制主体单位审核通过后予以学分认定，认可的范围是同一层次学校的相同专业。大学亦可与中学合作学认定学分，中学应专门成立学分认定委员会，负责学生学分认定工作，以增强学分

认定的可信度。

六、建立统一的管理平台

平台要具有权威性、普适性和公信力，应统一管理、监督全省大学先修课的具体事宜，如课程研发、组织实施、课程评估、学分管理等。可以参照普通高中国家课程方案对相关学时学分进行规范，例如18学时的课程可认定1个学分，36学时的可认定2个学分。平台对学生的登陆时间、学习时长、日常作业、标志性成果、考核成绩、授予学分要有记录，可以提供给相关大学作为招生、授予大学学分的参考或依据。

【本文系山东省教育科学"十三五"规划2019年度立项课题"普通高中大学先修课程建设的理论与实践研究"（课题编号YZ2019013）的阶段成果】

基于创新能力培养的高中激情生本课堂实践与研究

摘要

课题研究大体分为三大部分。第一部分,比较研究国内外创新能力及激情生本课堂的研究现状,确定基本内涵,为下一步研究奠定基础。第二部分,探讨高中激情生本课堂的教学流程,各个学科依据学科特点和不同课型探索具有学科特色的实施方案,研究提高学生创新能力的策略和方法,分析影响高中课堂学生创新能力培养的因素;在日照黄海高中2018级、2019级进行实践探索。第三部分,对激情生本课堂促进培养创新能力的效果进行评价。

一、研究问题

(一)研究目的

以开放包容、改革创新的文化内涵为引领,从改变师生的精神风貌入手,以课堂教学改革为主阵地,以培养学生的创新能力为目标,试图创设一个促进学生自主、主动发展的课堂教学模式,把教的过程转化为学的过程,着力改变学生的学习方式,知识让学生自己探索,规律让学生自己去揭示,在学生主动探索的过程中实现创新能力的培养。

(二)研究意义

1. 实践意义

激情生本课堂将贯彻学生为本的思想,激发学生的创新热情,致力于打造富有个性、独特性和独立性的创新型人才。针对现有课堂教学在培养创新能力方面的不足，借鉴国外创新人才培养的经验和我国近年来课堂改革的新成果，提出在课堂教学这一主渠道提高学生创新能力的实施方案。

2. 理论意义

将创新能力培养与生本教育、激情教育相结合，融合到课堂教学这一主渠道中；在教学目标、教学内容、教学环节、评价激励等方面都以培养创新能力为旨归，丰富了原有的课堂教学理论。

(三) 研究假设

借鉴国外创新人才培养的经验和我国近年来课堂改革的新成果，构建旨在培养学生创新能力的激情生本课堂。课堂依据生本教育和激情教育理念，以培养创新能力为着眼点，重新设计课堂教学流程。目的是更新教师观念、改进课堂结构、探索实施策略、改善课堂生态，让培养学生创新能力成为课堂设计的起点，成为课堂教学的焦点。

(四) 核心概念

本课题厘定了"创新能力"这一核心概念，探讨了生本教育、激情教育、合作学习等教育观念，对概念关系进行了辨析，为课题研究打下了坚实的基础。

关于创新能力，学术界还没有形成一个统一的定论。我们认为，普通高中生应具备的创新能力，是一种创新的潜在素质，具体表现为强烈的好奇心和探索精神，善于质疑问难等的创新意识，发散思维、批判性思维等的创新思维。

培养学生创新能力，一方面要通过激发学生的学习兴趣，培养问题意识，因为问题意识是思维的动力，是创新的基石；另一方面要促进学生自主学习、合作探究，培养学生主动探究与解决问题的能力。另外，激情是唤醒学生创新思维的重要条件，在充满激情的氛围中，学生容易产生积极的情感，会去主动学习、主动探索问题。因此，创建激情生本课堂可以为培养学生的创新能力提供肥沃的土壤。激情生本课堂坚持以学生为本，充分调动一切智力因素与非智力因素，激发学生的求知欲，鼓励学生创新思维，使学生学会学习、学会探索，提高发现问题、解决问题的实践与综合能力

生本教育强调以学生的全面发展为本，尊重学生的个性差异；强调学生

的主体地位，促进学生主动的发展；强调生命有巨大的潜能，在课堂中要不断激发学生的内在动力和潜能；强调教育的生动性、活泼性，要激发学生学习的兴趣与积极性。教育的最终目的是让生命绽放，让每个学生的优势得以表现，让学生终身成长。教学中，教师要将自由发展的空间更大限度地还给学生，让所有的学生将其内在潜能尽可能地自我激发出来，展现自我才能，让学生更好地成长。教师在课堂的每一环节都要尊重学生、依靠学生、先学后教、以学定教，让学生由被动的接受者转变为学习的主人。基于上述分析，我们通过设置自学静悟、合作探究、激情展示等教学环节充分调动学生学习的自主性，将课堂主动权交给学生。

激情教育是以全面激发师生积极向上的情感与态度来促进教学发展的一种教育理念。从教师的角度，激情教育强调教师自身对教育要有激情，教师不仅要有高超的业务水平，认真备好每一节课，还要掌握学情，了解学生的性格特点，因材施教，建立科学的、积极的教育信念，激发自身的教学情感。从学生的角度，激情教育强调如何激发学生求知的激情。在课堂上，教师通过生动描述、直观教学、问题情境、角色扮演等多种形式，营造和谐的教学气氛，对学生动之以情、晓之以理，培养学生的积极情感。所以，激情教育是能够调动起学生学习的主动积极性，激发学生强烈的好奇心和探索精神，培养其科学的怀疑精神、善于质疑问难的教育方式。结合我校实际，我们将激情教育与课堂教学相结合，通过激情导入、踊跃讨论、激情展示等环节来点燃学生求知的欲望及进取精神。

合作学习被认为是当代最伟大的教育改革之一，有着科学而坚实的理论基础。支撑合作学习理论主要有心理学家维果茨基的发展区理论与皮亚杰的认知发展理论、约翰逊兄弟的社会互赖理论、美国威斯康星大学的莱文的精致学习理论。这些理论都共同强调人在群体生活中合作关系的重要性。对于学生而言，学习是与他人建构的过程，只有与伙伴们一起才能更好地发现与解决问题，合作学习也能满足学生被关注、被认同的心理需要。

将生本教育、激情教育和创新能力培养融合到课堂教学环节设计中，是本课题的重点也是难点。四者关系中，生本教育是根本理念，激情教育是激发手段，课堂教学(含合作学习)是实施措施，培养创新能力是目的。

二、研究背景和文献综述

(一) 研究背景

习近平总书记在欧美同学会成立100周年庆祝大会上曾指出:"创新是一个民族进步的灵魂,是一个国家兴旺发达的不竭动力,也是中华民族最深沉的民族禀赋。在激烈的国际竞争中,惟创新者进,惟创新者强,惟创新者胜。"《国家中长期教育改革和发展规划纲要(2010—2020年)》指出:"高中阶段教育是学生个性形成、自主发展的关键时期,对提高国民素质和培养创新人才具有特殊意义。"《山东省中长期教育改革和发展规划纲要(2010—2020)》中也指出:"全面实施素质教育,着力培养学生的社会责任感、创新精神和实践能力。坚持创新发展,把改革创新作为教育发展的强大动力,创新教育教学模式。鼓励各地和学校勇于探索,大胆创新,为全省教育改革发展注入活力并提供经验。"《普通高中课程方案(2017版)》在"培养目标"中明确指出学生"要敢于批判质疑,探索解决问题,勤于动手,善于反思,具有一定的创新和实践能力"。由此可见,培养创新能力是国家的要求、时代的要求、社会的要求。

创新也是一所学校跨越发展的要求。日照黄海高中是一所异地新建的市直学校,2017年开始招生,位于乡镇的原日照五中也整体迁入。学校刚从农村搬迁到城里,教学班急剧膨胀,几乎是原来总体规模的六倍。教师队伍参差不齐,老教师教学观念比较落后,知识结构陈旧;新聘的老师以重点大学的研究生为主,很有活力,但缺乏工作经验,甚至不了解教学常规;即使这样,学校编制仍严重不足,教师缺口很大。学校位于城乡接合部,生源质量在四所市直高中属于中等偏下水平。学生没考上重点高中,自觉低人一等,入学时情绪低落,缺乏自信心,自我约束力也较差。如果不改变其精神状态,就很难取得进步。

面对这样的师生状况,学校如果不改革创新,就很难实现跨越发展。经过反复调研、多方探索,学校决定以创新教育为突破口,聚力攻坚,推进学校优质特色发展。学校确立了"容·新"文化理念,以开放包容、改革创新的文化内涵引领学校改革,从改变师生的精神风貌入手,以课堂教学改革为主阵地，提出激情生本课堂教学，通过让学生积极参与课堂教学、自主思考、质疑探究、合作分享，唤醒学生的主体意识和创新意识，从而培养学生的创新能力。

(二) 文献综述

1. 创新能力

学术界对创新能力的定义很多，还没有形成一个统一的定论。张春兴认为，创新能力是一种综合能力，它不仅是一种智力特征，更是一种价值特征，一种精神状态，它具有多元结构性，包括创新意识、创新思维、创新个性等[①]。褚宏启曾指出"创新能力是一种综合性、涵盖性很强的核心素养，可以把批判性思维、自主发展能力包容在内，甚至还可以把合作与交流能力、信息素养统摄起来"[②]。本研究认为，普通高中生应具备的创新能力，是一种创新的潜在素质，具体表现为强烈的好奇心和探索精神、科学的怀疑精神、善于质疑问难等的创新意识，发散思维、批判性思维等的创新思维。

通过对相关资料的分析，我们发现目前已有很多一线教师结合着自己的教学实践经验对创新能力的培养进行了相关的研究。吴琳[③]、郑燕飞[④]、王磊[⑤]、张少钟[⑥]分别从政治教学、生物实验教学、化学教学、地理教学的角度探讨分析了创新能力培养的相关问题，但这些研究大都是相关一线教师结合着自己的教学经验展开的，缺乏系统组织性理论阐述。而本课题关于创新能力的培养是基于一种新的课堂教学模式，各学科教师在实际教学实践过程中可结合各学科特点灵活调整，最大限度激发学生的创造热情，更具有系统性与综合性。

2. 激情教育

通过对相关文献搜集和整理，我们发现国外关于"激情教育"并没有十分

---

① 张春兴. 教育心理学[M]. 杭州：浙江教育出版社, 1998：57.
② 褚宏启. 核心素养的概念与本质[J]. 华东师范大学学报(教育科学版), 2016(1)：1-3.
③ 吴琳. 高中政治教学中学生创新能力的培养[J]. 甘肃教育, 2018, 39(10)：74.
④ 郑燕飞. 高中生物实验教学中创新能力的培养途径[J]. 教育观察, 2018, 7(16)：109-110.
⑤ 王磊. 基于培养学生高级思维和创新能力的化学探究教学发展趋势[J]. 化学教育, 2014, 35(7)：5-9.
⑥ 张少钟. 浅谈地理教学中学生创新能力的培养[J]. 中学教学参考, 2018, 10(7)：92.

系统详细的研究。国内关于激情教育的多数研究是从实践出发,更关注激情课堂的创建。许多研究者及一线教师结合不同科目的实际教学情况提出了一系列具体的方式方法。

孙煜在文中指出,激情教育就是要最大限度地激发学生的学习兴趣,使学生愉快地学习,结合着自己的教学实践,他从课堂教学事例的选取、学习障碍的设置、情感的激发和可教情境的创造、直观形象手段的运用、良好情感的培养五个方面具体分析了政治教学中激发学生学习兴趣的做法[①]。张童明认为,激情就是促动情感,就是教师运用自己高尚的品德和高超的教学智慧去激发学生的情感,激情教育包含情境激情、语言激情、活动激情、评价激情、实践激情这五个层面,也就是说课堂教学要从这五方面来激发学生的情感[②]。冷逢军认为,"激情"是教师运用自己高尚的品德、人格的魅力和渊博的知识去拨动学生的心弦,开发智能,提高学习的积极性[③]。他把激情教育分为教师和学生两个层次,并从纵观全面、直观教学、生动讲述、实验体现、利用数据、角色扮演、树立榜样、讨论辨析八个方面具体阐述了激情教育的实施。基于上述研究,结合我校实际,本课题汲取以上有益成果,将激情教育与课堂教学相结合,通过激情导入、踊跃讨论、激情展示等来点燃学生求知的欲望及进取精神。

3. 生本教育

国外对"人本主义"教育思想的研究较早,并形成了完整的教育理论体系。国内研究方面,华南师范大学郭思乐教授较早提出了生本教育思想,他认为,教育的基本源动力是学习者自身的潜能与天性,而教育的本质则是促进人自身的成长,教学的本质就是帮助人学习[④]。本研究认为,生本教育在高中课堂上主要是指教学中坚持以学生为本,尊重学生、依靠学生,全面激发学生的潜能。

目前,已有很多一线教师以国内外的相关理论为指导,结合着教学实践,

---

① 孙煜. 激情教育在政治课堂上的应用[J]. 成人教育,2002,22(4):42-43.
② 张童明. 例谈道德与法治课中的激情教育策略. 中学教学参考. 2018,10(13):48-50.
③ 冷逢军. 小学思想品德课教学中的"激情"教育刍议[J]. 内江师范学院学报. 2003(18):56-58.
④ 郭思乐. 教育要变控制生命为激扬生命[N]. 中国教育报,2006:1.

对生本教育进行了相关的研究。顾琴①、戴军②分别从语文教学和数学教学的角度分析了生本教育在课堂中教学环节设置的相关问题。董世杰的"生本教育"在高中地理教学中的实施探究③，袁君兰的"生本教育"理念下提高思想政治课堂教学实效性研究④，这些研究都将生本教育理念与实际课堂教学相结合，从探究新型课堂教学实施方案、新的课堂组织形式到如何提高课堂教学实效性的对策等多方面进行了探究。这些以生为本与课堂实践相结合的研究，都为本课题的开展提供了很大的学习和借鉴意义。基于上述分析，本研究通过设置自学静悟、合作探究、激情展示等教学环节充分调动学生学习的自主性，将课堂主动权交给学生。

三、研究程序

(一)研究设计

将生本教育、激情教育和创新能力培养融合到课堂教学环节设计中，设计出科学合理的课堂教学流程，根据各学科特点，研究各学科实施方案；探讨各环节中提高学生创新能力的策略和方法，分析影响高中课堂学生创新能力培养的因素；对课堂教学全程进行跟踪调查，综合运用多种方式进行综合测评，了解学生在激情生本课堂教学下创新思维能力的发展变化，对创新能力培养效果进行评价，以此验证本课题实验效果。

(二)研究对象

本课题主要研究如何构建激情生本课堂，培养学生的创新能力。主要以高一(2019级)、高二(2018级)两个年级为目标对象。具体如下。

1. 研究激情生本课堂的教学流程

激情生本课堂在教学流程上分为对标导学、自学静悟、合作学习、展示分享、点评精讲、检测达标六个环节。在实际教学中，哪些环节可以省略、

---

① 顾琴. 对语文生本教育"先学"策略的探究[J]. 甘肃教育, 2016, 37(19): 81.
② 戴军. 初中数学生本教育模式的实践与研究[J]. 数学教学通讯, 2018, 40(10): 38-39.
③ 董世杰. "生本教育"在高中地理教学中的实施探究[D]. 石家庄：河北师范大学, 2015.
④ 袁君兰. "生本教育"理念下提高思想政治课堂教学实效性研究[D]. 石家庄：河北师范大学, 2014.

时间该如何分配,以及在各个环节中教师如何发挥引导作用,本研究将结合具体学科的实践教学,进行细致研究。

2. 探讨激情生本课堂教学对提高学生创新能力的策略和方法

结合各学科教学实际,来探讨分析激情生本课堂教学下提高学生创新能力的策略和方法,即分学科、分课型探讨各学科在激情生本课堂中提高学生创新能力的具体策略和具体方法。

3. 影响高中课堂学生创新能力培养的因素分析及对策

对影响高中课堂学生创新能力培养的因素进行分析,提出对策,并建议学校出台相关措施。

4. 对激情生本课堂促进培养创新能力的效果评价研究

探索建立评价创新能力培养的指标体系,通过多种方式调查了解激情生本课堂对培养学生创新能力的作用,通过综合分析,了解学生在精神状态、意识、思维等方面的变化,从中汲取经验教训,并以此调整下一步的课堂教学。

(三)研究方法

本课题将运用文献资料法、访谈法、比较研究法、问卷调查法。

(1)文献资料法是通过查阅文献资料了解、证明所要研究对象的方法。本研究通过网络查询 Web of Science(WOS), CNKI(知网)等数据库检索国内外相关研究。通过超星电子书库、图书馆等查阅相关国内书籍和论著,了解生本教育、激情教育、创新能力、教学模式等内涵,为课题研究打造奠定了基础。

(2)访谈法是研究者以口头谈话的方式从被研究者一方收集(或建构)第一手资料的一种研究方法。本研究对激情生本课堂下的学生进行跟踪研究,对学校的师生进行访谈,访谈内容主要包括在新的课堂教学模式下,学生的参与度和学习感受,教师的参与度和授课感受,教学目标和教学任务的实现,教学环境、课堂氛围的影响等。

(3)比较研究法是根据一定的标准,对某类教育现象在不同情况下的不同表现进行比较研究,找出普遍规律及其特殊本质,力求符合客观实际结论的方法。本研究将传统的教师为本的教学模式,与激情生本的课堂教学模式进行对比分析，通过对比研究分析激情生本课堂各环节应怎样设置才能够科学合理。

(4) 问卷调查法是以实证主义为方法论的量化研究方法，它是通过把标准化的问卷分发或邮寄给有关的人员，然后对问卷回收整理，并进行统计分析，从而得出研究结果的研究方法。本研究设计调查问卷，调查学生的问题意识、思维变化、课堂教学的效果，并对数据结果进行分析。

(四) 技术路线

1. 准备阶段(2019年3月—2019年7月)

(1) 选定课题和成立课题组。成立了由丁兆俊为课题申报组长，高月峰、姚云霞、时百慧、孟雨、季盟等5位骨干教师为组员的课题研究小组，明确任务、各负职责，确保每一项任务做到实处。

(2) 课题组成员培训。邀请北京师范大学的杨玉春副教授进行培训，了解课题研究的方法、步骤与基本知识；各成员撰写学习心得。

(3) 现状调查分析。搜集国内外有关课堂教学模式改革的最新经验与方法，了解国内外研究创新能力培养的动态，明确研究的意义，掌握开设的经验与不足，各成员撰写调查报告。

(4) 撰写课题研究与方案。明确为什么研究、研究什么、怎样研究、研究的结果是什么、怎样保证研究。

(5) 参加日照市教科研中心组织的在日照师范学校举行的课题开题论证会。听取专家、同行的指导，听取意见和建议，完善研究方案。

2. 实施阶段(2019年8月—2020年12月)

(1) 修订研究方案。根据课题论证会和开题报告的专家意见，修改研究方案，加强各学科对提高创新能力的课堂反馈的整理与分析。

(2) 制订阶段计划。了解各项研究的时间、地点、目的、内容、方法、步骤等，保证研究如期完成。

(3) 课堂教学实践。通过研究，明确激情生本课堂构建的六大环节，探究培养学生创新能力方面的策略和方法。在全校推广激情生本课堂。定期开会研讨、撰写论文、上汇报课。研究各教学环节在不同学科、不同课型的实施方案。

(4)成果评价研究。对课堂效果进行评价，尤其是创新能力的培养方面，设计激情生本课堂新授课课堂观察量表与激情创新思维能力自评表。

(5)阶段成果汇报交流。2020年10月举行课题中期检查，检查研究完成情况，了解研究成果，交流研究体会。

3. 总结阶段(2021年1月—2021年5月)

(1)材料整理、分析。反思研究过程，补缺补漏、理论提升。由高月峰负责，全员参与。

(2)撰写结题研究报告，客观、全面地总结研究过程和研究成果。由高月峰、季盟、姚云霞撰写，时百慧、孟雨完成课件制作。

(3)结题申请、验收。接受课题管理单位的检查验收，听取专家意见，提高科研能力。

四、研究发现或结论

本课题研究中我们在激情生本课堂的构建与创新能力的培养等方面有了新的发现与举措。

(一)激情生本课堂教学对培养高中生创新思维能力有积极影响

我们以问卷调查和自测表的形式探究激情生本课堂的开展对高中生创新思维能力的影响。问卷调查主要从创新思维能力的几个方面入手，主要包括好奇心和探索精神、科学的怀疑精神、善于质疑问难等的创新意识，发散思维、批判性思维等的创新思维，结合激情生本课堂六环节而对学生进行的调查问卷。在对问卷调查进行详细分析的同时，我们得出以下结论。

(1)激情生本课堂教学模式有助于激发学生的学习积极性。问卷结果显示，92.6%的学生认为在对标导学环节他们有强烈的好奇心与探索欲，90.6%的学生认为他们的好奇心在激情生本课堂中得以发展，73.1%的学生认为他们的探索精神在激情生本课堂中得以培养。同时，学生的好奇心与探索精神也是创新思维能力自测成绩中分数较高的两项，这体现出激情生本课堂的对标导学环节在激发学生求知欲、好奇心上具有积极作用，能够为下一步的知识学习创设一个富有吸引力的"问题情境"，引导学生的思路。同时也说明，与传统的课堂教学模式相比，激情生本课堂六环节更具活力与启发性，能够为学生的学习营造良好的氛围，调动学生的兴趣与好奇心，激发学生的探究欲，使学生具有更积极的学习姿态。

(2)激情生本课堂有助于培养学生的创新思维能力。调查结果显示，78.7%的学生能够在自学静悟环节立足当前知识进行合理联想想象，利用创新思维解决问题。85.7%的学生表示在小组讨论环节能够大胆发表意见，敢于质疑、超越，能够认真听取他人观点，并在此基础上思考、判断、质疑、提问。根据布鲁姆认知分类理论，认知领域的目标可以分为识记、理解、分析、综合、评价、应用六个层级。创新思维能力培养所涉及的能力层级主要包括分析、综合、评价、运用等层面。识记与理解是最低层级的能力要求，在传统以教师讲授的课堂中，学生的学习以简单的知识接受为主，教师讲授，学生识记、理解，课堂对话较少，学生的参与度低，很难涉及分析、综合、评价等高级思维能力的运用，因此课堂较封闭，课堂对话限于一问一答的封闭式提问，不利于学生创新思维能力的培养。激情生本课堂中，学生需要在学习目标及学习任务的驱动下自主学习、自主思考，知识的学习不再是简单的"接受"，而变成主动的"获取"，是一种发现学习、主动建构意义的过程，这一过程中需要学生首先理解学习材料，进而自主思考，对知识进行分析、综合。小组讨论则是信息交流与分享的环节，需要学生对同伴的学习结果加以理解、分析、判断，这些过程涉及发散思维、批判思维、联想想象等高级思维能力的参与，而这些正是培养学生创新思维所必需的。

学生的发散思维能力与批判思维能力是当前创新思维能力培养的薄弱点。这两项都是创新思维能力培养的重要内容，根据问卷调查及学生创新思维能力自测成绩数据来看，发散思维与批判性思维在我们所重点培养的几项思维项目处于稍落后状态。发散思维具体表现为思维视野广阔，善于运用多种方法及思路解答问题。批判性思维是一种否定性思维，善于运用理性客观的视角分析问题，有较强的思辨、判断能力。这两项思维能力在激情生本课堂中并没有展现出较大的优势，当然这与思维能力本身的特点有很大关系，例如训练难度大、对培养方式的要求较高等因素。在今后的激情生本课堂研究中，我们将着力探索发散思维与批判性思维的培养路径，灵活变换课堂教学方法，让学生创新思维能力获得均衡性发展。

(二)激情生本课堂教学各环节的具体操作办法

激情生本课堂教学分别在不同环节、不同侧面对培养提高学生的创新能力起到积极的作用。

对标导学：激发学生的兴趣。兴趣是一个人学习的最好老师，对标导学环节中的导入通过创设特定的情境，激发学生的学习兴趣。各学科结合自身的特点，可采用图片、故事、问题等不同的形式进行导入，教师通过精彩的导入吸引学生的注意力，使他们保持整堂课的学习兴趣，并激发出学生的好奇心，通过调动其好奇心来进一步培养学生对将要学习内容的兴趣。其可以激发学生的学习情趣，进而更好地激发出学生的思维火花，激发出学生的求知欲和学习激情，为下一环节的顺利展开奠定一定的基础。

自学静悟：设疑与导思，培养学生创新思维能力。教师通过设置问题，引导学生独立思考，整个过程营造出一种宽松的学习氛围，让学生在这种氛围中自主学习。问题的设置要有一定的启发性，可以让学生在思考已有问题的过程中自己另外发现问题。发现问题是创新的前提，历史上，很多重大的发明创造无不是源于质疑、发现问题。同时学生在自主学习过程中发现了问题也在一定程度上进一步激发学生的探讨的兴趣。

合作学习：头脑风暴法可以集思广益、发散思维，培养学生的合作能力。宽松、良好的教学氛围是学生发挥创新思维与培养创新能力的重要条件。创新思维离不开学生间的相互交流，合作学习创造出一种探讨的空间，集思广益，让学生在这个空间里畅所欲言，营造出一种敢说敢想的氛围，同时也可以培养学生间相互合作的能力。合作学习，让学生在自学静悟的基础上与组内的其他同学相互交流，为他们搭建了一个很好的开放性的交流平台，这有利于推动学生创造性思维的发展。同时，合作学习还能促进学生间的优势互补，充分发挥他们的长处。

自学静悟、合作学习让学生成为课堂的主人，营造出了一种民主、平等的氛围，体现以生为本的教育思想，能够充分调动学生的主动性和积极性，进而激发和提升学生的创新热情。

展示分享：通过展示，让学生表达出自己对问题的思考，树立其自信心。创新源于发现问题，敢于质疑真理、质疑他人的观点。通过质疑，让学生敢于对与自己不一致的思想或观点提出质疑，培养学生质疑精神，敢于表达自己的观点，进而敢于创新。让学生在自由宽松的氛围下，敢说、敢问、敢答，这对学生的创新能力的培养有较大的帮助。

点评精讲：教学评价是教学管理的重要一环，教师通过适度的点拨与强调让学生对于思考与讨论的问题中不明确、不确切的部分有一个明确的方向。

检测达标：采用灵活多样的形式，安排一些开放具有层次的题目，以不同的形式考试检测学生，通过检测给学生一个学习的反馈，让学生认识到自己存在的不足，查漏补缺，增加学生的积极性，进一步激发学生的求知欲，更有利于其创新精神的培养。

(三)影响高中课堂学生创新能力培养的因素与对策

1. 教师方面

(1)因素分析：①教育思想观念落后，对培养学生创新能力、提高核心素养认识不足。②没有正确认识"教"与"学"的关系，忽视了学生的主体地位。③缺乏经验，很多教师在思想上很希望通过课堂教学改革来培养提高学生的综合素养，但是因自身各方面缺乏经验而感到无所适从、无处下手。④自身惰性，一些教师已形成以教师为主导、学生被动接受的传统教学模式，在这种教学模式下教师易于备课授课，教学内容上多重视知识的传授，教学过程易于操作，教学任务容易完成，教师主观认为这种模式省时省力，易于提高学生成绩。但这种满堂灌、填鸭式、照本宣科的教学方式，忽视了对学生能力特别是创新能力的培养，也阻碍了一线教师教育创造力的发挥。⑤专业能力不够强，又缺乏学习的主动性与积极性。

(2)对策：①更新管理方式，激发教师教学活力，从多维度对教师绩效进行评价，实行多元化的评价标准，不断激励教师促进教师专业发展。②加强系统学习，提高教师专业基础能力，高中新课改对教师提出了诸多新的要求，教师自身必须坚持不断地学习。③参加教研活动，提高教学科研能力，要及时关注教学热点动态，做好教学反思和改进。④树立自主意识，制定专业发展规划。教师要结合时代发展、社会期望和课堂改革做出有计划、可实施、能持续的自主发展规划，避免在新课改的过程中走错路、走弯路，适应时代发展对教师的新要求。

2. 学生方面

(1)因素分析：①学习动机因素：很多学生自中考之后，因未考入重点高中而失去自信，迷失方向，产生了厌学情绪，久而久之，可能会在学生群体中形成一种懒惰的学习氛围，不利于课堂教学课改的开展。②学习观念因素：在传统的教学模式影响下，学生心中形成的"老师讲，学生听"的学习观念根深蒂固，学生习惯于课堂上教师单方向的灌输，缺乏自主学习的意识。③学习行为因素，不良的学习习惯、学习行为，如课前不预习、上课注意力不集中、课后不复习，不能在老师的引导下主动形成对知识的探知能力，对知识的学习存在着畏难的情绪，缺乏学习的主动性，都会影响课堂教学的效果。④心理氛围因素：心理学研究表明，民主平等的师生关系，容易使学生形成积极的心态，有利于调动学生学习的主动性，只有在民主平等的师生关系下，学生的一般想法才能受到肯定，不成熟的思想不至于受到嘲笑和责备，学生参与课堂课改的愿望才会更加强烈。此外，高中阶段，课业繁重，很少有课外活动使得学生的身心得到及时放松与调整，又有来自升学的压力、排名的压力、家庭的压力，在多种压力之下，使学生背负了极大的心理负担，造成了课堂教学气氛的沉闷压抑。同时，在老师、家长布置的众多作业之后，学生的睡眠严重不足，进一步影响了课堂教学的效果。

创新能力不足、创新意识缺乏是一个久积而成的弊病，这并非一朝一夕所导致的，要想扭转这种现状，也必须假以时日，借助有效的教学方法进行引导与改变。

(2)对策：①强化激情教育。激发积极健康情感，促进全面持续发展。激情教育所激发的"情感"不仅仅指心理学意义上的情绪和情感，而是一个包括情绪基调、情趣爱好、审美体验、价值取向、人生态度、精神信念、理想信仰等较为广泛的领域。通过激情教育，使整个校园生机盎然、蓬勃向上、书声琅琅、歌声嘹亮、口号响亮；使学生理想远大、精神焕发、激情飞扬、斗志昂扬。②转变学习观念。培养学生的主体意识、自觉意识、主动意识，尊重学生的主体地位，让学生成学习的主人。学生的主体作用即教师"以生为本"，发挥学生的主观能动性，促进学生发展。学习主体的主动努力程度往往决定其学习的效果。③养成良好习惯，提高学习效率。首先要说到做到、坚定不移，制订学习计划，定时定量地去完成学习任务；学会认识自己、约束自己、消除干扰，主动改变自己、完善自己。④营造民主和谐的教学氛围。创设民主和谐的课堂环境和自主参与的教学情境，让课堂成为学生成长的乐园，当学生在宽松愉快的课堂中以一种愉快的心情学习时，学生接受信息和处理信息的能力就可以得到强化和巩固，效率就会提高；只有和谐民主的环境，才能使学生精神焕发、个性张扬；只有和谐民主的教学，才能唤醒学生的创新意识，发挥学生的最大潜能，培养出优秀的人才。

五、分析和讨论

第一，应正确处理创新能力培养、激情教育、生本教育等与课堂教学之间的关系。

课堂教学不只是知识的达标检测，课堂不单是学生"解决问题"的场所，发现问题比解决问题更重要。

现代教育观认为，学生要发展一种理解他周围世界，并能机智地，应对周围世界挑战的能力。现代心理学认为：智力的核心是思维能力，是独立思考、选择创造及适应周围世界的能力。要发展学生的思维能力，教师必须要善于发现和挖掘蕴藏在学科知识及其结构中前人创造知识的思维方式和规律，并能将其移植到学生的认识结构之中。教师不仅要培养学生思维的敏捷性、灵活性，还要进一步培养学生思维的深刻性和批判性。为此，课堂教学不能搞成简单的达标教学，让学生简单地"解决问题"，更应善于鼓励学生不断地"发现问题"。

创新能力已经成为一个民族是否具有竞争能力、是否能立于不败之地的关键。而问题意识、问题能力是创新性、创新能力的基础。这就要求教师为学生创设问题情境，激发学生独立探索并提出高质量的问题，培养学生多向思维的意识与习惯。这种方法不是以设问组织课堂教学，也不是站在问题面前去分析、寻找解决问题的办法，而是由教师创设提出问题的情境，刺激学生提出高质量的问题。一堂课下来，教师应该给学生留下问题，假如没有给学生留下问题，这堂课就不能说是成功的。从教师执教的现实来看，许多老师关心的不是激发学生提出高质量的问题，而是学生学习自主、训练自主的学习品质。在培养创新能力的问题上，教师限于眼界，还更多地停留在经验层次上，缺乏一种理论的自觉，这是激情生本课堂需要进一步提高的着眼点。

第二，要面向全体学生，关注不同水平的学生状况，加强课堂管理，实施分层教学。

课堂教学中要保证每个学生的主体地位，教师应尽可能让中等生、后进生把易错的问题展现出来，以便于共同讨论并解决，这体现了面向全体学生的理念。并不是所有学生都能自告奋勇地展示、分享疑难问题，如何提高学生的课堂参与度，有待进一步加强。

教师要敢于放手，相信学生自主学习的能力，对学生能解决的问题大胆放开，以激发学生探究问题的积极性。但学生探究问题的同时，往往容易背离主题，乱成一锅粥的情况也时有发生。因此，教师在教学过程中时刻要发挥主导作用，加强主题意识的引导，解决问题也应简捷快速，真正让学生在课堂上动起来，而不至于乱起来。

要实施分层教学。注重对后进生、优秀生和特困生的培养，课堂问题或课外作业的分层次布置，是一个极为重要的问题。这要求教师有针对性地备课，检测达标应设置不同的要求，在点评精讲环节中照顾到不同层次的学生。

六、建议

(一) 需要改进的事项

(1) 理论构建还不够充分。由于参与研究的多是一线教师，日常重点多放在教学实践层面。虽然教师有一些自己的思考与观点，但大都很难进行理论层面的提炼与概括。例如概念的界定依然存在一些不完善的地方，我们还需要不断学习充实。

(2) 课堂实践还应继续深入。课题的实践获得了一定的成效，但我们不能停止探索的步伐，课题的研究还应该进一步深入。

各学科在实施激情生本课堂教学中，要继续加强对不同课型的教学研究，使之更符合本学科的教学特点和要求。在教案设计、教学环节的展开、教学评价的具体实施等方面都可以调整，并根据不同课型研究教学实施细节，利用一师一优课、拜师学艺、青年老师汇报课等多种形式推选出各学科优秀教学公开课及教学案例。

(3)要建立起一套科学的、操作性强的评价体系。目前对培养创新能力的评价仅限于调查问卷等方式,远没有达到科学、规范、精细的要求。要进一步研究根据什么原则、如何根据评价原则来设计评价目标、制定评价标准、制定评价细则,并且运用合适的评价工具收集评价数据,形成评价结果,并以此指导课堂教学。

(二)根据研究结论获得的启示

(1)课堂教学活动是一种创造性的劳动,尊重张扬教师的教学个性十分必要。激情生本课堂教学模式对学生自学能力的培养,无疑有促进作用,教师应在教学中把引导学生学会学习放到教学的首位,帮助学生在克服学习困难上下功夫,这种教学模式有效地制约了习惯于"满堂灌"的教师,这对建立以学为主体的教学基本模式是十分重要的。但我们不能忽略切实发挥"师者"的作用。教师教学思想、教学观点、教学素质与特长往往各不相同,在教学模式的选择、运用上必然会体现出不同的个体风格。应当鼓励广大教师根据教材、学生、自身的特点在基本模式的基础上大胆发展创造,使教学模式呈现出个性色彩,而不是简单归一。唯有多样化、个性化的教学模式,才会有更广泛的适应性,模式发展才会永葆旺盛的生命力。

(2)课堂不应是教师刻板表现的舞台,教学是科学与艺术的结合。课堂教学对教师而言,不只是为学生成长所做的付出,不只是别人交付任务的完成,它同时也是教师生命价值和自身发展的体现。课堂教学要充分张扬教师、学生的个性。所以要鼓励教师在教学方法、教学技巧、教学手段上标新立异。

七、主要成果

(一)学生创新意识增强,创新能力得到较大提高

(1)学生精神面貌发生很大变化,自信心提高,创新意识增强。我校分别于2019年9月和2020年12月在高一、高二两个年级做过问卷调查,通过校园网络系统,以不记名线上作答的方式,对在激情生本课堂教学中培养创新能力的效果进行实验和评价。通过数据分析看，一年来，90.6%的学生认为他们的好奇心在激情生本课堂中得以发展，73.1%的学生认为他们的探索精神在激情生本课堂中得以培养，85.7%的学生表示在小组讨论环节能够大胆发表意见，敢于质疑、超越，能够认真听取他人观点，并在此基础上思考、判断、质疑、提问。

（2）创新能力得到提升，学生积极参加社团活动，参加各类比赛，取得了理想的成绩。

2019年12月在上海国家会展中心举行的世界教育机器人锦标赛WER（World Educational Robot Contest）中，我校选手在通过省级选拔赛后，获得参赛资格，经过激烈的比拼，最终取得了WER二等奖的好成绩。

2020年12月6日，第十八届全国中小学信息技术创新实践大赛（NOC）决赛中，我校代表队分别获得"人形机器人任务"挑战赛全国二等奖、"机器人无人驾驶"比赛全国一等奖。

在各类作文比赛中斩获佳绩，2019年在由山西师范大学主办，语文报社承办的"时代新人说"大型征文活动中，我校共有57名同学获奖，其中一等奖1名，二等奖3名，另有三等奖53名。在第二十届"世界华人学生作文大赛"中，我校共有11人获奖。第十七届"叶圣陶杯"全国中学生新作文大赛我校共有31人获奖，其中两名学生进入现场决赛并获得现场决赛二等奖和三等奖。第十八届"叶圣陶杯"全国中学生新作文大赛中，我校又有两名同学进入全国决赛，荣获优秀团体奖。

2020年我校32名学子在第18届中国日报社"21世纪杯"全国英语演讲比赛省赛和市赛中取得佳绩，其中一名同学荣获省三等奖和市一等奖，6名同学荣获市一等奖，12名同学荣获市二等奖，14名同学荣获市三等奖。

2020年，17名学生在由日照市教育局举办的"日照市中华经典诵读大赛"中分别荣获二等奖、三等奖。

在2020年团中央维护青少年权益部、全国学联秘书处联合开展2020年全国青少年模拟政协提案征集活动。高二2班丁莹同学提交的《关于网络直播带货产品质量安全保证的提案》在全省青少年的1 578份模拟提案中脱颖而出获得中职中学组优秀提案。

2019年我校女子垒球队在"玲珑轮胎杯"2019年山东省垒球锦标赛中荣获第5名,其中6名队员达到国家二级运动员等级。

(3)学生成绩大幅度提升。

2018级学生我校在市区重点高中录取完4 000名学生后才开始录取,也就是说,我校所有学生均位居市区初中毕业生4 000名以后。经过两年多的学习,在2021年1月的全市统考中,我校有434名学生参加文化课考试(其他学生准备音体美专业考试,未参加考试),进入A类指标8人(市区共1 780人),进入B类指标231人(市区共计3 685人)。

(二)教师科研能力得到提高,教学水平迅速提升

(1)课题组成员发表相关论文多篇。

①季盟. 激情生本课堂模式探索之英语新授课[J]. 学科教研. 2020(15):110-111

②姚云霞. 基于创新能力培养的高中地理教学模式探究——以热力环流为例[J]. 学科教研. 2020(25):150-151

③孟雨. 基于创新能力培养的高中激情生本课堂评价研究[J]. 教研周刊. 2020(12):272-273

④高月峰、时百慧、姚云霞. 在激情生本课堂中培养学生的创新能力[J]. 教育 2020(7):34

(2)科研氛围浓厚,教师成功申报多项省市级课题。

2018年以来,我校教师成功申报中国教育发展战略学会课题1项(已结题)、省规划课题1项(在研)、省教育科学研究课题1项(已结题)、市规划课题3项(在研)、市教育科学研究课题3项(已结题)、省家庭教育课题1项(已结题)、市家庭教育课题1项(已结题),2021年3月10日又申报5项市教育科学研究课题。

(3)教师在课堂教学比赛中多次获奖。

2019年,在市教育局组织的"一师一优课、一课一名师"讲课比赛中,我校教师4名教师获得市级一等奖,5名教师获二等奖,5名教师获三等奖。部分获奖教师又被推送参加省级以上评比,其中4位老师荣获山东省优课,1名老师荣获教育部活动优课。2020年又有7名教师获市级一等奖,6名获市级二等奖，12名获市级三等奖。

(三)构建了以培养创新能力为着眼点的激情生本课堂教学模式

激情生本课堂贯彻"以生为本"的教学理念，融入激情教育，在教学目标、教学内容、教学环节、教学评价等方面都以创新能力为目标，努力打造互动式、启发式、探究式、体验式的课堂，形成了激情生本课堂教学模式。该模式由"对标导学、自学静悟、合作学习、展示分享、点评精讲、检测达标"六环节构成。

(1)对标导学：教师要用简短明快的语言，或通过案例、视频等形式实现旧知向新知的导入，以激发学生学习兴趣；学生通过"导学案"明确自主学习、合作探究的方向。

(2)自学静悟：教师要树立"为学而教""以学定教"的思想，利用最优化的教学设计，最大程度地调动学生自主学习的积极性；学生按照导学提纲上的路线图读课本、自学深思、勾画圈点、分析归纳，并记录好自学时产生的疑问。

(3)合作学习：学生根据教师出示的重点问题以及在上一环节自学中产生的疑问进行小组讨论，做到学生自己提出问题、互相解决问题，把课堂的自主权交给学生。

(4)展示分享：学生按照既定规则进行激情展示，通过学生之间相互的展示、质疑、补充，从而解决本节课的基本和重点问题；教师作为一个引导者，通过提供多种展示方式(讲解、演示、表演、辩论等)，激发学生的展示热情和自信心。

(5)点评精讲：围绕难点、易混易错点、联系点、规律、知识脉络等核心内容，教师进行点拨和强调，但凡是学生可以解决的问题，教师绝不代替。

(6)检测达标：主要检验学生本节课的学习效果和学习目标落实情况；检测的形式可多样，但要切合本学科特点。

六个步骤既让学生获得了独立思考的时间，又给学生充分展现自我的机会，让学生在小组中提升合作探索探究的能力，有效地实现了让学生在教师指导下主动地、富有个性地学习。

(四)形成了一套适合课堂教学改革的教学管理教学体系

为使课题研究能够真正地指导并应用于实际教学,课题组围绕课堂教学从课前、课中、课后三个维度不断探索设计教学内容、选择教学方法、实施教学过程、评价教学结果等的方式方法,最终形成了一套较为完备的教学体系。

(1)课前:组织实施"两备一研"课前准备活动。"两备一研"分为研课准备、第一次备课、集体研课、第二次备课四个步骤。第一,研课准备要从两个方向入手,一是研读教材和新课程标准,分析近三年的高考重点;二是,针对知识点,所有组员搜集素材,筛选材料。第二,在第一次备课中,除主备人之外,其他教师及审核人都要独立自主备课,结合课标、考纲对主备人制作的导学案进行研读,形成自己的书面意见和建议。第三,集体研课过程中,在备课组长的积极引导下,老师们结合自己的备课方案各抒己见、踊跃发言,各自取长补短,使每一节课都更趋完善。第四,第二次备课中主备人要根据备课组研讨碰撞出的"火花"及讨论结果,进行再备课,并修正导学案和课件,最终制作出一份高质量的导学案及课件。

(2)课中:组织实施激情生本课堂教学。激情生本课堂教学分为三部分。第一部分是指课前激情诵读环节,即在课前的两分钟让学生大声朗读与本节课相关的内容,朗读内容可以由老师根据教学需要提前布置,也可以由学生自主选择相关内容;激情诵读是课堂教学的预热环节,它既使学生快速地进入课堂学习的状态,又极大地调动了学生学习的积极性和主动性。

通过集中精力地诵读,学生进一步深化了对课堂学习内容的预习,在读的过程中发现问题,从而增强了听课的针对性,进而提升了听课的质量。第二部分是指课堂教学的六个环节,即对标导学、自学静悟、合作学习、展示分享、点评精讲、达标检测,六步环环相扣。第三部分是课后训练,这一部分主要是让学生通过课下的自主练习,进一步巩固课上所学。

(3)课后:定期组织听评课活动。为提高教学质量,促进学校课堂教学改革,保障激情生本课堂教学模式的推广和使用,听课和评课也成为了常态。对此,学校推出了"一周一科一课"课堂教学听评课活动。

(五)教学改革引起一定反响

(1)在山东省"互联网+教师专业发展"教育科研方法省级工作坊同步在线

培训会上介绍我校激情生本课堂教学改革成果。

2021年3月17日,山东省"互联网+教师专业发展"教育科研方法省级工作坊同步在线培训会在日照召开。此次会议由山东省中小学师资培训中心主办,日照市教育局承办,全省各地的中小学教师参加了线上活动。

会议的主题聚焦教研成果的提炼与呈现,黄海高中高月峰在会上汇报了黄海高中两年多来课题研究的情况,从问题的提出、概念界定、研究目标与内容、研究过程与方法、取得的成果及成效、存在的问题六个方面,梳理了黄海高中激情生本课堂教学改革的历程。与会专家在点评中认为,黄海高中的改革基于校情和课改形势,针对性强、方案可行、措施得力、工作扎实、成效显著,值得肯定。建议在提炼成果时,站在全国、全省课程改革的高度,进一步提高理论水平,充实实践成果,积极参加全省基础教育教育教学成果奖的评选。

(2)兄弟学校来我校听课交流,参照我校改革经验实施课堂教学改革

①莒县文心高中来我校交流(文心高中微信公众号新闻稿)

观摩促发展,交流助提升 ——莒县文心高级中学赴日照黄海高级中学观摩学习

为了加强兄弟学校之间的沟通,共同提高学校教育教学水平,2020年12月3日上午,莒县文心高级中学校级领导,部分中层干部、备课组长一行35人在学校党委书记、校长盛春桂的带领下来到日照黄海高级中学,就学校发展、教育教学、师资培训等方面与黄海高中进行了友好交流,并就教育教学及管理进行了深度交流沟通。

参观学习成员深入课堂,观摩了"每周一科一课"激情生本课堂教学,课后与黄海高中师生近距离交流,切身感受了黄海高中的面貌与风采。通过观摩部分优秀教师的示范课和随堂课,我校教师对黄海高中的新课程建设、学科核心素养落实落地等有了直观的感受和深刻的认识,并从中得到丰厚的收获。

冬日虽寒,热情不减。此次短暂的黄海高中之行,不仅拓宽了我校教师的视野,更新了观念、更增进了兄弟学校的相互了解,同时拉近了两校师生距离,这次访学将开创两校资源共享、合作共赢的新局面。

②文心高中邀请省教学能手高月峰做讲座(文心高中微信公众号新闻稿)

至思凝汗水 静心探改革 ——高月峰"新一轮课改背景下的高中课堂教学改革探索"报告会在莒县文心高中圆满举行

5月28日下午,省教学能手、日照名师高月峰来到莒县文心高中,在学术报告厅开设了一场以"新一轮课改背景下的高中课堂教学改革探索"为主题的报告会。报告会由学校党委委员、副校长马学强主持,全体语文老师及其他学科教师参会聆听。

爱因斯坦说:"什么是素质?——你学过的东西忘了,剩下来的就是素质。"第一部分:"新一轮课改的价值追求。"他指出新课程标准从知识能力走向核心素养教我们学会学习、健康生活,责任担当、实践创新,人文底蕴、科学精神。这种人的全面发展,是新一轮课改的价值追求。

陶行知说:"先生的责任不在教,而在教学,而在教学生学。"第二部分:"从教学到教学生自主学习。"针对学生不愿回答问题的现象,他主张"真正把学生自己学习的时间还给学生,还原真正的学习"。核心是教师敢于让贤,敢于示弱,引导学生更多地自己学习。

陶维林说:"要让学生学会学习,就要让学生参与教学过程。引导学生经历科学研究的一般过程,掌握科学研究的一般方法,学会研究问题、学会学习。"第三部分:"高中激情生本课堂的探索"。为了方便各科老师在日常教学中进行实践,他专门带领大家对激情生本课堂模式的六个环节进行了梳理,让人如坐春风。

马学强对报告会进行了总结。他指出,高老师高屋建瓴地给大家做了一堂既有丰富理论又有具体实践的精彩报告,不仅提供了很好的理论学习和研究实践范例,而且为我们今后的综合学科课堂变革提振了信心、明晰了方向。我们要坚定不移地沿着教学改革的道路走下去,希望老师们加强日常学习,把高老师课堂教学改革的理论精髓与实践经验转化到自己的教育教学过程中去,特别是"6+1课堂模式",要通过坚持不懈的扎实研究,不断成长与进步,为莒县文心高中的教学发展做出更大贡献。

(3)岚山一中来我校听课交流(黄海高中微信公众号新闻稿)

校际交流助成长,相互学习促提升岚山一中来我校听课交流

6月17日上午,为进一步深化学校教学改革,加强校际的互动交流,岚山一中陈常东校长带领各学科老师来我校听课学习，本次活动以交流激情生本课堂改革和教学经验为主。

我校师生为岚山一中的领导老师呈现了精彩的激情生本课堂。两所学校的领导和老师全程观摩了以下激情生本公开课：高一年晓娜老师的历史课、高二潘振华老师的英语课、高一张文慧老师的语文课；高二辛艳老师的生物课、高一王若南老师的数学课、高一臧桓老师的物理课。课上主讲老师适时引导，学生积极参与，踊跃回答，课堂气氛活跃，激情生本课堂模式和教学效果得到岚山一中领导和老师的一致好评。

课后，岚山一中的领导老师与我校教师一起评课，积极探索高中课堂和教学改革中遇到的问题，分享高中教学的经验。尹校长向各位老师介绍了我校激情生本课堂的概况和各学科据此衍生的独特的激情生本课堂模式。然后，岚山一中老师分别发言，交流了对我校的激情生本课堂的意见和建议，从教师素质、调动学生积极性、小组讨论等方面予以点评。大家就学校课堂教学改革达成共识：改革才有出路，创新才能发展。这次交流，进一步明确了学校课堂教学改革方向，我校和兄弟学校将积极践行改革志向，力求在以后的工作中再创辉煌。

参考文献

[1]《习近平在欧美同学会成立100周年庆祝大会上的讲话(2013年10月21日)》

[2]张春兴. 教育心理学[M]. 杭州：浙江教育出版社，1998.

[3]褚宏启. 核心素养的概念与本质[J]. 华东师范大学学报(教育科学版)，2016，34(1)：1-3.

[4]吴琳. 高中政治教学中学生创新能力的培养[J]. 甘肃教育，2018，39(10)：74.

[5]郑燕飞. 高中生物实验教学中创新能力的培养途径[J]. 教育观察，2018，7(16)：109-110.

[6]王磊. 基于培养学生高级思维和创新能力的化学探究教学发展趋势[J]. 化学教育，2014，35(7)：5-9.

[7]张少钟. 浅谈地理教学中学生创新能力的培养[J]. 中学教学参考，2018，10(7)：92.

[8]孙煜. 激情教育在政治课堂上的应用[J]. 成人教育，2002，22(4)：42-43.

[9]张童名. 例谈道德与法治课中的激情教学策略[J]. 中学教学参考，2018，10

（13）：48-50.

[10]冷逢军.小学思想品德课教学中的"激情"教育刍议[J].内江师范学院学报，2003，18(12)：56-58.

[11]顾琴.对语文生本教育"先学"策略的探究[J].甘肃教育，2016，37(19)：81.

[12]董世杰."生本教育"在高中地理教学中的实施探究[D].石家庄：河北师范大学，2015.

[13]戴军.初中数学生本教育模式的实践与研究[J].数学教学通讯，2018，40(10)：38-39.

[14]袁君兰.生本教育"理念下提高思想政治课堂教学实效性研究[D].石家庄：河北师范大学，2014.

附 录

一、激情生本课堂新授课课堂观察量表

表1 激情生本课堂新授课课堂观察量表

授课教师：　　　　　学科：　　　　　授课时间：

项目	评价标准	分值	得分
对标导学	具有积极主动的学习态度，能够在教师引导下自主学习	5	
	乐于根据学习材料捕捉新信息、主动发现问题，自主学习，求知欲较强	5	
自学静悟	善于将已有的教材、资料等信息进行加工处理，自主阅读、自主学习	5	
	判断准确、迅速，收集、检索信息的能力较强，能够根据学习材料自主筛选信息	5	
	主动查阅资料，为下一步的合作、展示等创新活动获取资料	5	
合作学习	乐于与他人合作，积极参与讨论交流，大胆发表意见，尊重他人见解	5	
	学会合作、分工，与他人合作探究，具有合作精神	5	
	敢于质疑、超越，与他人交流有自己的想法，对合作内容有独到见解	5	
展示分享	不迷信于权威，不盲从于书本，对知识、问题有自己的见解，能够打破思维定式，有自己独特的想法	5	
	善于运用批判思维、逻辑思维、联想想象等高级思维能力思考问题	5	
	大胆发表意见，敢于质疑、超越，求新、求变及创新意识较强。能够认真听取他人观点，并在此基础上思考、判断、质疑、提问	5	
点评精讲			
达标检测			

二、关于推进课堂教学改革的调查问卷

关于推进课堂教学改革的调查

各位老师，您好！为进一步提高教学质量，深入推进学校课堂教学改革，切实了解激情生本课堂教学模式实施以来的效果，特制定本调查。本调查为无记名问卷，调查结果仅用作内部课堂教学改革研究。感谢您的理解和配合！

（注：以下问题中的"新模式"是指激情生本课堂教学模式。）

1. 您的任教学科

    A. 语文　　　　B. 数学　　　　C. 英语　　　　D. 物理

    E. 化学　　　　F. 生物　　　　G. 政治　　　　H. 历史

    I. 地理　　　　J. 其他

2. 您的年龄

    A. 35 岁以下　　B. 35~45 岁　　C. 45~50 岁　　D. 50 岁以上

3. 您对传统教学模式的态度？

    A. 习惯并支持　　　　　　　　B. 习惯，但认为其有弊端

    C. 不习惯，但无力改变

4. 【多选】您觉得传统教学模式的优点主要在？

    A. 提高课堂效率　　　　　　　B. 把握课堂节奏

    C. 对学生进行引导和管理　　　D. 其他，请写出_____

5. 【多选】您觉得传统教学模式的弊端主要在？

    A. 老师主导，忽视学生感受

    B. 师生互动少，课堂氛围较为沉闷

    C. 填鸭式灌输，不能发挥学生的主动性、创造性、积极性

    D. 其他，请写出_____

6. 您是否了解激情教育和生本教育？

    A. 了解　　　　　B. 不太了解　　　　　C. 完全没听说过

7. 您是否已了解并适应了激情生本课堂教学模式？

    A. 了解并适应　　　　　　　　B. 了解不适应

C. 不太了解但适应　　　　　D. 不了解不适应

8. 您对激情生本课堂教学模式的态度？

　A. 支持　　　　　B. 反对　　　　　C. 无所谓

9. 与传统教学模式相比，运用新模式后，更多地要求集体备课。对此，您觉得

　A. 支持集体备课，可以集思广益，又可统一进度

　B. 反对集体备课，更喜欢单枪匹马独自战斗

　C. 都行，无所谓

10. 与传统教学模式相比，运用新模式后，常常要听评课。您是否愿意被听评课？

　A. 愿意，希望听到同事们真诚的意见，提高教学水平

　B. 反对，不喜欢被听评课，容易泄露我的独门绝技

　C. 无所谓

11. 与传统教学模式相比，运用新模式后，学生的课堂表现变化？

　A. 积极活跃　　　B. 没有变化　　　　C. 跟不上节奏

12. 与传统教学模式相比，运用新模式后，学生的学习兴趣？

　A. 提高　　　　　B. 没有变化　　　　C. 下降

13. 与传统教学模式相比，运用新模式后，学生的参与度和积极性？

　A. 积极活跃　　　B. 没有变化　　　　C. 反而下降

14. 与传统教学模式相比，运用新模式后，学生对课堂知识的掌握？

　A. 能更深地理解了　B. 没有变化　　　　C. 相比不理想

15. 与传统教学模式相比，运用新模式后，在总体教学效果上？

　A. 有较好的提升　B. 没有变化　　　　C. 不是很好

16. 与传统教学模式相比，运用新模式后，大多数学生的学习成绩变化？

　A. 有较明显的改观　B. 没有变化　　　　C. 下降

17. 【多选】您觉得激情生本课堂的优点主要在？

　A. 有助于学生更好地掌握知识　　B. 提高课堂效率

　C. 把握课堂节奏　　　　　　　　D. 加强学生合作学习能力

　E. 调动学生积极性　　　　　　　F. 学生主导，提高学生自主学习能力

G. 其他，请写出_____

18.【多选】您觉得激情生本课堂的弊端主要在？

A. 学生主导，自主学习，不会把握重难点

B. 小组讨论容易浪费时间

C. 教学环节太固定

D. 其他，请写出_____

19.【多选】您觉得激情生本课堂的难点在？

A. 教学环节设置　　　　　B. 讨论内容的设置

C. 导学案的制定　　　　　D. 难易程度的把控

E. 时间的把控　　　　　　F. 学生自主学习效果的检验

G. 其他，请写出_____

20. 从学生成长与学习的角度，您觉得最好的授课方式是？

A. 传统课堂　　　B. 激情生本课堂　　　C. 两种课堂模式相结合

21.【多选】您认为目前改革的阻力来自哪里？

A. 教师的观念　　　　　　B. 学生的思想状况

C. 各学科知识差异　　　　D. 其他，请写出_____

22. 对于激情生本课堂，您的意见和建议？请写出_____
_____
_____。

三、传统课堂教学与激情生本课堂两种教学模式的对比分析调查问卷

您好，恳请您用几分钟的时间帮助填答这份问卷。本问卷实行匿名制，所有数据只用于统计分析，请您放心填写。题目选项无对错之分，请您按自己的实际情况填写在括号内。谢谢您的帮助。

(　)1. 您对激情生本课堂是否感兴趣？

　　A. 有很大兴趣　　　　　B. 有兴趣

　　C. 不感兴趣　　　　　　D. 反感讨厌

(　)2. 激情生本课堂与传统教学相比哪个更有助学习？

A. 激情生本课堂　　　　　　B. 传统教学

C. 两者结合　　　　　　　　D. 无所谓

(　)3. 您在激情生本课堂中对教学内容的重点、难点的掌握程度如何？

A. 全部掌握　　　　　　　　B. 大部分掌握

C. 少部分掌握　　　　　　　D. 没掌握

(　)4. 您是否适应激情生本课堂的进度？

A. 很适应　　　　　　　　　B. 基本适应

C. 不适应　　　　　　　　　D. 很不适应

(　)5. 激情生本课堂的使用是否提高了学习效率？

A. 提高明显　　　　B. 提高不大　　　　C. 反而降低了

(　)6. 与传统教学相比，您认为目前激情生本课堂在调动学生积极性、主动性和提高创造性方面：

A. 调动了学生的积极性、主动性，提高了创造性

B. 仅调动了学生的积极性、主动性，没有提高创造性

C. 既没有调动积极性、主动性，也没有提高创造性

(　)7. 在对书本知识的掌握更加熟练方面，您认为：

A. 激情生本课堂优于传统教学模式

B. 传统教学优于激情生本课堂模式

C. 二者差不多

(　)8. 在学习效果上，激情生本课堂与传统教学相比，您认为：

A. 激情生本课堂的收效大，接受信息多

B. 激情生本课堂接受信息多，但收效小

C. 传统教学收效大，但接受信息量少

D. 二者差不多

(　)9. 与传统的激情生本教学相比，激情生本课堂中的师生互动时间的影响是：

A. 明显增多　　　B. 大致相同　　　C. 明显减少

(　)10. 与传统教学模式相比，激情生本课堂的气氛活跃吗？

A. 气氛活跃　　　B. 气氛一般　　　C. 气氛沉闷

(   ) 11. 在老师使用"激情生本"课堂时,您的注意力如何?
    A. 非常集中   B. 比较集中
    C. 没什么区别   D. 我的注意力反而不能集中

(   ) 12. 您对运用激情生本教学整体效果的总体评价是:
    A. 很不满意   B. 很满意
    C. 一般   D. 不满意

(   ) 13. 您是否赞同传统课堂教学不太适应时代发展趋势,需进行变革?
    A. 是   B. 否

(   ) 14. 您是否认同激情生本课堂教学模式是顺应时代发展趋势、符合未来教育发展方向的?
    A. 是   B. 否

15. 您对激情生本课堂教学有哪些好的建议?

_____

_____

_____

四、激情生本课堂培养创新能力效果调查问卷

为进一步激发同学们的课堂参与能力,提高同学们的创新思维水平,我校积极探索与之相适应的课堂模式——激情生本课堂,通过对传统课堂教学模式的改革,推动师生教学方式的更新。激情生本课堂在我校已推行了三年,这期间我们不断探索、调整,使其更好地与各学科的课堂教学相融合。作为我校课堂教学改革的参与者之一,你在激情生本课堂中有哪些潜移默化的进步呢?请同学们积极配合,认真阅读并填写以下调查问卷!

基于创新能力培养的激情生本课堂问卷调查——学生版

1. 在对标导学环节,我能够对照导学案明确学习目标,并有强烈的好奇心与探索精神。(   )
    A. 十分符合   B. 符合   C. 较符合   D. 不太符合

2. 在自学静悟环节,我善于将已有的教材、资料等信息进行加工处理,收集、检索信息的能力较强,能够根据学习材料自主筛选信息,并且自主阅读、自主学习。

A. 十分符合　　B. 符合　　　C. 较符合　　D. 不太符合

3. 在自学静悟环节，我能够立足当前知识进行合理联想想象，利用创新思维解决问题。

A. 十分符合　　B. 符合　　　C. 较符合　　D. 不太符合

4. 在小组讨论环节，我具有良好的合作精神，能够与小组成员积极讨论沟通，合作探究，敢于质疑、超越，发挥批判性思维分析问题。

A. 十分符合　　B. 符合　　　C. 较符合　　D. 不太符合

5. 在展示分享环节，我能够大胆发表意见，敢于质疑、超越。能够认真听取他人观点，并在此基础上思考、判断、质疑、提问。

A. 十分符合　　B. 符合　　　C. 较符合　　D. 不太符合

6. 在点评精讲环节，我善于根据老师的讲解总结、分析、整合知识点与方法，经老师的引导能够有所突破。

A. 十分符合　　B. 符合　　　C. 较符合　　D. 不太符合

7. 在做题检测过程中，我具备开放性的答题思路，能勇于打破思维定式，尝试新的方法解题。

A. 十分符合　　B. 符合　　　C. 较符合　　D. 不太符合

8. 我很喜欢学校的激情生本课堂模式，与传统课堂相比，它更有活力，更容易调动起我的探索兴趣与创新精神。

A. 十分符合　　B. 符合　　　C. 较符合　　D. 不太符合

9. 激情生本课堂中，我拥有较多的自我展示的机会，我更愿意表达自己的观点，提出自己的问题。

A. 十分符合　　B. 符合　　　C. 较符合　　D. 不太符合

10. 与传统课堂相比，激情生本课堂能够为我们营造更加开放包容的课堂氛围，鼓励质疑问难的声音，能够激发我们的怀疑精神。

A. 十分符合　　B. 符合　　　C. 较符合　　D. 不太符合

11. 激情生本课堂中往往有更多的开放式提问，相对于传统一问一答的有固定答案的问题，开放式问题更能激发我的发散思维能力，引导思路的深入。

A. 十分符合　　B. 符合　　　C. 较符合　　D. 不太符合

12. 通过激情课堂的学习，我在_____方面的能力得以显著提升。（多选）

A. 好奇心　　　　　　　　　B. 探索精神

C. 科学的怀疑精神　　　　　D. 善于质疑问难等创新意识

E. 发散思维　　　　　　　　F. 批判性思维

E. 其他：_____ 感谢同学们的配合！

五、创新能力自测表

表 2　创新能力自测表

目标	行为表现	符合 5分	较符合 3分	一般 1分	不符合 0分
好奇心	在课堂中对于新知识我有强烈的好奇心与求知欲，愿意深入思考教材所涉及的问题				
探索精神	在课堂中我更敢于面对批评和失败，敢于对知识、对课堂进行猜测和怀疑				
创新意识	在课堂上我敢于质疑问难，愿意挑战有难度的问题，主动思考				
想象力	在课堂氛围的带动下我能够立足于教材内容进行创造性想象以至推测，能够将看似无联系的知识、概念联系起来				
发散思维	我能够围绕学习目标，从不同途径进行思考，探求多种答案；能够随机应变，灵活变通方法，我的观点有时具有独创性				
批判性思维	我能够尊重、理解他人的观点并坚持自己认为对的观点，在考虑其他选择和意见时能保持灵活性，经常能够打破思维定式思考问题				
总分					

下水作文

雪的联想

今天是正月二十二，老天竟又飘飘扬扬下起了雪，鹅毛般的雪花和米粒大的雪花一起纷飞。楼前的雪花大多从此向东飘落，靠近窗户口的竟然向上飞舞；楼后有一片空地，雪花基本就是竖直降落，不再左顾右盼。雪下得不紧，却密集，一会儿地面就变白了；但此时，雪似乎已没了兴趣，渐渐停止了。于是出门看雪去。出楼门，踩在雪上，雪粒沙沙，极像走在沙滩上。忽而想起鲁迅先生对于雪的描写，"朔方的雪花在纷飞之后，却永远如粉，如沙，他们决不粘连，撒在屋上，地上，枯草上，就是这样。"还有江南的雪，滋润美艳。我不仅联想起印象深刻的两场雪。

其实朔方的雪，也并非全都如粉如沙，去年我在乌克兰见过的雪，反而极像江南的雪，这大概是东欧大草原特殊的地理和气候所致吧。我正月初五到达基辅，飞机落地，就看到地面上覆盖着厚厚的雪，从机场到市区的路上，也是冰天雪地。但是进入市区，主干道上却已经消融了，估计是人工除去了。我住的宾馆及附近街道，雪还是很厚的。在那里五天，我天天踩着雪出去，踏着雪回来。当时就感觉，这里的雪似乎水分很大，有黏性，走在雪地上，像是走在泥地上，没有咯吱咯吱的声响，却粘脚。基辅属温带大陆性湿润气候，虽然纬度和哈尔滨相似，但并不寒冷。我想，雪肯定是每天都在发生极微细极微细的变化的，要不不会那么湿润。

那几天，倒没有下雪，但老是阴天，天空裹着厚重的云，再加上纬度高，天黑得早亮得晚，让人心里很不清爽。走在公园里，苍茫的天空下，坐落着几处乌克兰传统的草房子，许多鸽子在周围觅食，朴树的《白桦林》便在耳边氤氲开来。

我想，雪呈现什么状态，气温是关键因素。2009 年在波士顿我经历过我的人生中最大的一场雪。那雪下得密，大朵大朵的雪花手挽手直直落下，一点没有翻跹的闲情；下得慷慨，真像富足的老美，将贮存的美元尽数抛洒，一天一夜不停，厚达膝盖。市内主干道上，市政车一遍遍往路面上撒盐，原来可以用盐化雪，盐水在零下二十度才结冰。我们禁不住感叹，那需要撒多少盐啊！车疾驰而过，免不了溅上盐水，一干了，车体上是斑斑点点的盐渍。

雪停了，我们出去走走，那只能叫作跋涉，很有杨子荣在林海雪原的感觉。所幸，公园里的人行路上，雪被及时清除了。这时，令我们目瞪口呆的事情发生了，一个老美身着短衣短裤，健步跑来，似乎一点也没感觉到寒冷。目送他跑远，大家在惊愕之余禁不住疑惑，他真的不冷吗？他需要这么展现自己吗？总之，波士顿的雪和人给我留下了难以磨灭的印象。

除了亲身体验的雪以外，坐在飞机上看过的雪也不少。从旧金山飞往华盛顿的途中，从芝加哥经北极、勘察加到北京的途中，从米兰飞往基辅的途中，从阿拉木图飞往北京的途中，都从空中遥遥看过地面的雪景，不过没有什么特别的感觉了。还有一次，从北极上空飞过，地面除了灰白色混沌一片，什么也看不清。

雪是富有诗意的，值得慢慢品味。

正月二十二日降雪

一

冠状病毒正肆虐，街市空旷人隔绝。天公怜人少聊赖，故遣雪花解寂寞。

二

阴云密布漫穹庐，雪花纷飞当空舞。飘飘洒洒何所似，疑是仙女漫扬絮。

三

远山添玉冠，近树披银袍。男儿雪中舞，豪气干云霄。

写于 2020 年 2 月 15 日

蝴蝶兰吟

一

蝴蝶展翅欲高飞，菡萏初绽紧相随。兰容花貌参差是，骚人难评孰花魁。

二

蝴蝶兰花艳，生命力强健。凌冬即绽放，春去犹展颜。
蓓蕾次第开，缤纷色染瓣。居家隔离中，慰藉我心田。

2020 年 3 月 9 日晚

地名漫谈

地名和人名一样，包含着很多信息，寄予着一种理想，也暴露出命名者的素养。

就拿我所知道的村名来说吧，大多数村名很土气很淳朴，一看就知道当初立村者就地取材，很随意地取了个名。例如，有的以姓氏命名，苏家村、齐家庄；有的又加上了村庄的地理特征，例如徐家山子、段家河、魏家石河；有些村庄纯粹是"乌合之众"，估计刚开始是没有名字的，后来聚集的人多了，就随意起了个名，例如大岭一村、二村，这类村庄的特点是姓氏较多；再如各县城的城乡接合部，号称东关、西关、南关、北关，基本接近于城里人了，与真正的村庄已然不同。

有些村庄的名字用方言形象地揭示了其地理特征，虽然不一定好听，但能让人一下就在头脑中勾勒出其形象。如薄板台，村庄应该有一个层层薄石板堆积的小山或丘陵；樵叶子，村里的树木应该很多，村民打柴为生吧；碌碡沟，村里应该遍布块圆滚滚的大石头；大草坡，创村之际，野草丛生吧，当然是在一片山坡上；泥沟子，估计靠近一个时常干涸的塘坝；城阳镇的三角汪，应该是临近一片三角形的水汪也就是塘坝；令人奇怪的是村名是五莲石场镇的船坊和打鱼场村，看名字应是在鱼米之乡，可我知道它们确实坐落在山区，不知道当年这里确实能打鱼，还是村子的人是从打鱼的地方迁来的；莒县寨里河镇的桲椤沟，肯定是密布桲椤树，桲椤我是熟悉的，家乡的山岭上到处都是，我们在端午节经常用它的叶子包粽子。网上的解释如此：

桲椤树，读音póluó，学名槲(hú)树，壳斗科落叶乔木，别名柞栎、橡树、青岗、金鸡树、大叶桉椤等，抗风性较强；其木质坚硬，可制家具，供建筑用，树皮可鞣皮或做染料；桉椤树叶就用做蒸豆包、撒年糕的笼屉垫叶，具有独特的清香味，又有益健康，延年益寿之说。

有的村庄名字有些粗鄙，原先居民们不以为意。近些年，随着"有识之士"增多，维护村名的意识也逐渐增强。本来与村民友好相处了几百年的村名，逐渐被村民唾弃，随被改成谐音的洋气之名。有个村本来叫"鸡窝"，现在改为"吉洼"；还有一村本来叫"老鸹窝"——听名字就知道住处险峻难爬，现在改为"老古阿"，改得似乎很有学问，但总让人感觉怪怪的。

有些村庄的名字很美，如凤凰庄、棠梨树沟、两城的竹溪、峤山的莲花，我没有亲自考察，不了解是真实的环境还是一种理想的追求。有的村名起得很任性，如巨峰镇的六甲、水木头，涛雒镇的小羊圈、簸箕笃子，文疃的有钱柱、陈战薛庆等。有的村名很值得人玩味，例如南湖的空冲水，就让我猜来猜去猜不明白：是来了客人没有茶叶直接倒白开水吗？还是经常下雨像从半空中倾泻而下？再如沈马庄，南湖镇有东西两个，三庄镇还有大沈马庄、惠家沈马庄，沈马这个词那么有吸引力吗？有人说，是姓沈的和姓马的人建的村，那惠家沈马庄又是何意？我甚至怀疑"沈马"就是"什么"的意思。期待熟知典故的人指点迷津。

有的村名让人摸不到头脑，但是有很深的含义，如宅科，一般而言，"宅"和"科"很难组成一个词。上网查证，还真是有讲究的：宅，一取"上以厚，下安宅"，二是取大家庭，即大家族的家，希望人丁兴旺；科，意指发科，科举考试应试得中。怪不得山东各地均有宅科地名。例如青岛崂山北宅街道北宅科社区南宅科、北宅科村，莱西夏各庄大宅科，栖霞市杨础镇宅科村，胶南市大珠山镇宅科村，日照市东港区南湖镇大宅科村、小宅科村，涛雒镇宅科村，潍坊昌乐县大宅科镇大宅科村等等。再如鳌头村，直觉就是盼望子孙独占鳌头，所以涛雒镇一下就有四个鳌头村。

有的地名真的是有学问，例如涛雒。清时丁恺的《西海徵》载：涛雒之名，不知始于何时，然自汉时已有盐官。民国版《中国古今地名大辞典》载：涛雒镇，在山东日照东南四十里，按望文生义之法：涛，大波，大浪；雒，洛字古作雒，洛洛是水流下貌。涛雒濒海，古时涨潮波涛汹涌，海水直逼村前，船可入内，潮退则流水洛洛。"涛雒"，二字正合此貌。

　　有些地名有明显的历史印记，如安东卫、石臼所、涛雒右所。卫所制度又称卫所制，为明朝的最主要军事制度，为明太祖所创立，大抵5 600名军人为一卫，1 120人为一所，一般每卫设左、右、中、前、后五个所。日照是海防前线，所以设立上述机构。由此联想到，几千年来，历朝历代为巩固边防设立的边关，后来慢慢演化成市镇，这名字也就保留下来，例如甘肃省的定西、武威市，陕西的定边、靖边县，东北的绥化、抚顺，云南的镇南关等等。

　　仔细想来，古今中外人们的命名方式是类似的，基本根据某一特点例如地理特征、历史传承等等来命名。例如村，在不同的地域因地理特征不同，有不同的称呼：西北叫作塬、峁、圪、窑、砭、堡、铺等；东北称作屯；南方则有圩、场、坝、坪、塘、湾等。口，是人类进食呼吸的通道；有些类似功能的地方也叫"口"，如山口、河口、海口。随意一想，就会发现这些地名很多，有名的地方如新疆的阿拉山口，向来以风力巨大而在天气预报中被反复提起，青岛的小口子是北海舰队所在地，还有海南省的省会海口，东营市的河口区等等。日照的村庄也不少，如五莲松柏镇的韩家口子、王家口子，黄墩镇的粮山口、孔家口子，中楼的山口、两山口等。英国的地名中，带"茅斯"的比较多，例如朴次茅斯、伯恩茅斯、格兰治茅斯等等，后来我去了朴次茅斯才注意到，原来"茅斯"就是mouth，其实就是出海口；朴次茅斯就是军港，隶属于英国皇家海军，名船胜利号和玛丽玫瑰号现仍保留在这里。

　　中国是个历史悠久的国家，历史传承下来的地名真是数不胜数，山东就很多，如青州、兖州、曲阜、莒、滕等。当年上大学的时候，坐客车从临沂到曲阜，行经平邑县时，突然发现路边村子的石碑上写着"颛臾"二字，这已是2 500多年前的古国了，现在这村子还叫这名字，真是难得。2002年去九江，入住邮政宾馆，旁边一单位牌子上写着：浔阳区溢浦路派出所；因为白居易的《琵琶行》背得很熟，一看这地名，真有一种喜逢旧友之感。

　　西方背井离乡的人，喜欢用故乡的名字来给新地方命名。新西兰(New Zealand)就是荷兰航海家阿贝尔·塔斯曼1642年用荷兰的泽兰省(Zeeland)命名的。美国沿用欧洲的地名还真不少：各种带"新"和"纽"的，比如纽约(New York)是用英国的约克城来命名的，其他如新泽西、新罕布尔什、新奥尔良、新布朗斯维克、新英格兰，在欧洲都有原地名；还有直接照搬的，比如切尔西、曼彻斯特、切斯特、兰开斯特、纽卡斯尔、莱斯特、伯明翰、伍斯特、锡拉丘茨、莫斯科、圣彼得堡、考文垂、康科德、南安普敦、夏洛特、波士顿、得梅因、巴黎、里昂、那不勒斯、荷兰、罗马、米兰、里斯本等等，一看就知道来自哪个国家。顺便说一下，中国人喜欢把外国名字用中文意义改造，这是一个很好的做法。例如美国旧金山，原来就是清末大批广东劳工去圣弗朗西斯科挖金子，后来在澳大利亚的墨尔本发现了新的金矿，所以叫美国的为旧金山。

村庄断想

一

村庄是大地的一个个音符,无数的村庄组成乐曲,演奏出高低起伏的人生。

村庄很卑微,可以藏在大山的皱褶里,可以居于寂寞的海岛上;村庄很强势,可以处于都市的繁华地段,可以立于开放的潮头。

我很惊异于村庄强大的生命力,在山东,在沂蒙山区,无论走到哪里,即使是你最意想不到的地方,总是能发现一个小村庄静静地卧在那里。

我很好奇,什么人?什么年代?什么原因?跑到这个地方,建了这么一个小村?

二

我很喜欢沿着一条乡间小路,随意地向前走去,去见识一个个村落,去印证以前的猜想。体味村庄,不能去陌生的地方。与你的生活太远,心理上很难有默契与沟通。这些村庄名字,你必须听说过,然后你一一去验证,这才满足了你的潜藏已久的欲望——哦,原来它是这样的,原来它在这里呀。

其实,旅游,未必是去名山大川,未必是去远方。旅游,无非是见识另一种不同的生活,寄托自己的理想,发现另一个自己。所以去印证自己听说过的村庄,对我而言,也就满足了旅游的梦想。

小的时候,经常听说一些村庄,但这基本是远房亲戚所在的村庄,例如,你父母的姨家姑家,甚至他们的姥姥家,常听父母嘴中提起,但你没有机会也没有必要去。心中就埋下一个小小的种子,一旦有一天到了这个村,童年的一些模糊的记忆一下子涌上心头。

工作后，因为做班主任，对学生的家庭住址印象深刻，但很少有机会拜访这些村庄。有一天，忽然与这个村庄不期而遇，一种他乡遇故知的感觉油然而生。

三

理想的村庄应该有山有水。有山，村庄就有依托，有水，村庄才有灵性。山，不拘大小，水，却是小河小溪为上。

村庄，最好处于山的前怀。这不仅仅是风水，更因为符合人顺应自然的规律。我的家乡，秋冬季节刮的是北风，带来的是寒流寒冷。如果村庄依偎在山的阳面，山阻挡了寒气，那是多么惬意的事呀，就像宝宝依偎在母亲的怀抱里。春夏时节，风从东南方来，尽管带来的是溽热，但可以顺山势而上；空气流通，也会带给人丝丝凉爽。

水呢，可以随意地摆放。从村庄的一侧，从山上流下，或东面或西面，都可以。横亘在村前，朝那个方向流淌，也可以。即使是从村中穿行而过，把村庄分割成不同比例的两个甚至三个小村落，也没有问题。水，最重要的品质是干净。有鹅有鸭没关系，虽然它们会在水中随意大便，但这不是工业污染。水底最好是沙子或石子，这样才能清澈见底。水次要的品质是流动。流动的水才是活的，才会吟唱。水畔最好稀疏地随意生长着一些树，不拘于桃花梨花杏花，即使是杨树柳树，也是不错的。

四

村庄，最典型地代表了中国自耕自足、与自然和谐相处的生活方式。

村庄，是文人的一种理想，无论是古代的士大夫还是当今都市的知识分子，在心中都寄予这么一块净土。

村庄，给每个孩子打上了深深的烙印。即使他不再从事农耕，却依然关心下雨，关心墒情。每个从村庄走出的人，对土地有着深深的依恋之情，有着这么一个梦：什么时候有钱了，我一定买块地，自己种粮种菜，自己养鸡养鹅养鸭；最起码，在城市里有一个带院的一层楼房。

每个人都要常常回望村庄，因为那是中国人的根。

离家出走的狗及其他

陪父亲住院期间,听他讲那过去的事情。

他说,1946年,八路军的一个教导营住在我家,门口有站岗的,一个多月晚上也不用关门。

他又说,吓得狗一个多月不敢回家。

我很奇怪:"那狗去哪里了?"

他说:"就在田野里游荡呗"。

我又问:"那狗自己觅食?"

他说:"你爷爷去给狗送饭。"

听完这句话,我笑得差点岔气——人专门跑到田野给狗送饭!

多么纯朴的狗!多么善良的爷爷!

我觉得很有意思,凭自己的想象尽力还原这个场景。

我猜想,教导营刚开始进驻的时候,狗肯定想履行护家护院的职责,上前狂吠。

但是,这帮人似乎并不好惹,可能有个士兵拿枪托揍了它一下,甚至威胁性地开了一枪。

但是,主人似乎并不帮着狗,反而热情地将狗所认为的"入侵者"迎了进去。

狗的本能是很灵验的,它敏感地觉察到危险。

这事已经远远超出了它的生活经验、认知范围,它已经很难处理这个问题了。

于是，跑吧，躲开还不行吗？

后来证明这个做法是明智的。

我想了想，其实，历史上对动物的类似描述还是不少的。

老虎，刚开始不也是害怕黔之驴吗？

蜀犬吠日，越犬吠雪，不是说犬少见多怪吗？

人呢？其实也是一样的。

长期居于一隅，眼光肯定是受限制的。

古人说，读万卷书行万里路，信夫！但是，这万卷书是什么书，万里路涵盖了那些地方，还是值得研究的。

中国文化数千年，改朝换代 n 多次，演进很慢；只有到了近代，接触了西方文化，才开始有了巨大变化。孙中山是在夏威夷（檀香山）上的中学，蒋介石留学日本，毛泽东信仰马克思主义……

到了今天，信息那么发达，似乎我们了解很多事情，但我可以肯定地说，你以为的未必是符合现实的。

我们必须读书，读不同观点的书，理性地思考，自己判断，才不会冲动，不会被人左右，不会盲目地充当网络水军。

条件允许的话，还是需要走一走的，你会发现，很不一样的社会和人生！

有故事的人，有故事的书

老程是由三十多年前的大学同学小程变来的。

当时，有一首邓丽君的歌曲甚为流行，名唤《小城故事》，前四句的歌词为"小城故事多，充满喜和乐。若是你到小城来，收获特别多。"小程和小城谐音，所以同学见面常打趣说："小程故事多。"小程总是认真地回复："小程无故事。"

白云苍狗，几十年后，老程成了很有故事的人。

前几年，老程酝酿建立同学群。大学毕业后，同学们星散各地，联系较少，有的甚至音信皆无。为了找齐当年的那群人，老程上穷碧落下黄泉，使出了浑身解数；或单刀直入，或委婉曲折，软缠硬磨，靡计不施，终于将同学集齐。为办成"活群""示范群"，老程天天蛰伏群中，伺机而动，或挑起事端，或煽风点火，或添油加醋，或釜底抽薪，或装疯卖傻，或插科打诨，他思路清奇，常出人意料，语言亦庄亦谐，令人忍俊不禁。引逗得同学争发少年狂，群情激愤，斗志昂扬，指点江山，激扬文字。老程终成威风群主！

看起来，老程似乎很不正经。其实，老程是个正经的人。他是北京师范大学语言学及应用语言学硕士，海淀区的中学语文高级教师；是知名的汉字研究者、阅读推广人，中央人民广播电台、北京人民广播电台读书栏目的特约主持人。他热衷于少儿读书推广，创办了深受孩子和家长喜爱的"毛毛虫读书会"。曾出版了年度畅销书《这些年我们用错的汉字》《汉字智慧，中国人的小心思》。

老程是个有故事的正经人，他的书却是有故事的"不正经"书。读一读他的新书三胞胎《一读就错的汉字》《一写就错的汉字》《一用就错的汉字》，就明显感觉到这个特点。所谓有故事，是指他把汉字音、形、义的辨析，编成了具体可感的小故事。这些辨析本来是偏于学术的，很容易写成学究气的文章，但老程把它们写得生动有趣。老程本是个没有正形的人，喜欢乱开玩笑。又带着一颗童心，立志写给孩子们看，所以这书就很有喜感。

新书预告刚在朋友群里转发，就引发很多关注、问询，一韩国学生留言："京东、淘宝上还没有啊！"我联系老程，原来刚刚由北大图图妈在抖音带货直播，微店出售。老程专门寄了五本，我马上转送给韩国学生，此人现为大学老师，也是二孩妈妈，忙得很。第二天，她反馈意见说："现在看《一读就错的汉字》，内容很有趣，而且很有收获，有时间就一直想翻翻往下读呢。""我想推荐给学习汉语的留学生。"新书送给侄子一套，他接过去就眼睛放光，马上就开怀大笑起来，一边出声读着精彩段落，一边说："真好玩！"吃饭也手不释卷。这两天翻看老程的微信，发现该书已经推广到了东莞、哈尔滨等地，还要亮相东南亚书展。

三本书的内容非常切合教学和运用。汉语是表意文字，又使用了几千年，音形义经历了很多变迁，也蕴藏了丰富的文化信息。学生读错写错用错汉字的原因，主要原因是不了解其音义及变迁。老程善于用诙谐的语言创造情境，就很容易让人记住。例如，"耽"和"眈"，他是这样讲的："'耽误'的'耽'与耳朵有关。你想啊，爸爸妈妈一个劲儿提醒你出门要带钥匙，可你左耳朵听，右耳朵出，或者干脆充耳不闻。放学时回到家你就傻眼了，写作业的时间也就被耽误了。""'耳'与'目'靠得很近，但谁也不认识谁。它们作为字的一部分，却和同一个偏旁纠葛在一起。'耽'和'眈'，你认清了没？"另外，还设了一个"活学活用"栏目，把这两个字镶嵌在一段对话里，便于对照记忆："下课铃响了，小明一刻也没有耽误。他跑回家，坐在桌前，虎视眈眈地对着眼前的大蛋糕，就等妈妈发令开吃了。"像这样的表述，孩子能不一见倾心吗？

你想成为不错之人吗？读读老程的书吧。正是：老程故事多，充满喜和乐；若是你读老程的书，收获特别多。

向外，向外

仔细追索，这颗种子早已萌芽了。

十几岁的时候，三毛的作品就深深地吸引了我——那孤身闯天涯的豪气、那丰富多彩的人生、那壮阔的北非大漠、那旖旎的西班牙风光，常常令我心驰神往，那首《橄榄树》，常令我心动不已。

大学二年级的时候，历史系组织学生去西安游览，一位老乡不想去，我就请求老师，让我顶替他的名额，经过种种努力，最终梦想成真。

这以后，我会抓住种种机会，向外，向外，一心向外跑，其实，就是感受不同的生活，体会异样的人生！

工作后的十二年内，我去过北京、上海、南京、西安、苏州、杭州、济南、青岛、烟台、长沙、南昌、九江、武汉、岳阳，也爬过泰山、崂山、庐山、韶山。工作二十四年以后，又去过广州、深圳、赣州、抚州、重庆、沈阳、承德、满洲里、海拉尔，领略过坝上草原、呼伦贝尔、井冈山、洞庭湖、鄱阳湖的风光。

工作的第十三年，发生了一件对我影响深远的一件事——公费去德国，虽然仅仅是七天，但足以让我的人生观、价值观有很大改变，也让我以后的工作驶离了原先的航道。

2006年7月，我去了日本；2007年3月去韩国，5月又去韩国，此后的几年经常去韩国，以至于签证直接办成了五年免签的；2008年8月去澳大利亚、新西兰；2009年2月去美国；2009年5月去阿联酋、英国；7月新加坡；2010年2月第二次赴美国，2011年8月第三次去美国；2011年7月第二次去新加坡；2012年12月去韩国；2016年8月第二次去澳大利亚；2017年7月去英国、哈萨克斯坦；2019年2月去意大利、乌克兰。

走过那么多地方，肯定有很多感触。一直想写下来，但因为懒和胆怯，一直没有动笔。很羡慕余光中的才气，他的《记忆和铁轨一样长》翻了很多遍；很佩服余秋雨的见识，他的《千年一叹》《行者无疆》让我歆羡不已。后来想到，平凡人也有自己的轨迹和感想，因此终于不揣浅陋，在今天开始了新的篇章。

初稿写于 2018 年 2 月 18 日，修改于 2020 年 2 月 17 日

第一次出国远行

第一次出国注定要惊心动魄。行前几天，一位领导和司机在参加专为他们送行的酒宴时，车停在酒店外，被人撬开车窗，盗走了人民币和欧元。这位领导认为这是凶兆，预示出门不利，想打退堂鼓。再就是，大姐突然打电话，说她梦见我突遭车祸，连我的尸首都没能见上。我从来没告诉她出国的事情，她怎么梦见这种事？尸首没见着，那不就是空难嘛。总之，心里七上八下的。但最后，还是市外办一锤定音，这是因公出国，没有讨价还价的余地，必须去。于是，大家收起了意见，抓紧准备启程。

2004年的时候，日照去北京的交通还不是很发达，我们一行六人乘坐一辆商务面包车前往北京。这开启了我大开眼界的一段时光。想一想，大学毕业后在高中做一名语文教师，外出机会很少，从没坐过飞机；吃饭主要在食堂或亲手制作，即使偶尔去饭店，也不过是水饺店、羊肉馆。一到北京，还没出国门，就已经让我有了刘姥姥初进大观园之感。原来，日照有位老乡，是首都机场副总经理，他一定要向故乡的人民充分展示他的热情、他的能力，所以接待很上档次，汇集中外珍馐，吃的是日本生鱼片、北极甜虾、澳洲鲍鱼、北京烤鸭，喝的是茅台、法国红酒、加拿大冰酒，用的是筷子和刀叉，令我这个习惯于高粱大曲、八方啤酒的土包子手足无措、汗流浃背。第二天早晨，吃的是自助餐，煎鸡蛋的蛋黄竟然不熟，一戳就流出黄黄的蛋液。这也令我局促不安，吃吧，很难下咽；不吃吧，又觉得浪费，最后勉强放在牛奶里喝了。

上午10：00开始去机场，老乡专门安排了一个人服务，除了托运行李外，我们就在贵宾厅等候——迄今为止这是我唯一一次进首都机场贵宾厅。我们乘坐的是中国国际航空的航班，北京直飞法兰克福。下午一点多，飞机起飞了。第一次乘坐，什么也新鲜，什么也不懂，分不清飞机是空客还是波音。飞机很宽敞，能容纳400多人，每个人的座位前面都有一个小屏幕，里面有好多频道可选，有电影、歌曲、广播，还有飞行的实时信息如飞行高度、飞行速度、地面温度、飞行里程、飞行路线等等。除此以外，机舱中间还有一个很大的屏幕，类似于大背投电视。说也奇怪，后来我再也没有坐过类似的机型，所以至今也不了解是什么飞机。原先，我以为飞机直接向西北方向飞，但后来发现，它先向东北飞，在霍林郭勒以北，才向西转入蒙古国，然后经过俄罗斯、波兰进入德国。到达法兰克福时是下午五点，也就是说，飞行了十多个小时全在白天。

我们去的是一个小城市，叫作舍纳贝克市，在萨恩州（Saxony–Anhalt），易北河畔，离马格德堡比较近。来接我们的人叫作皮特（Peter），40多岁，一个很能干的工程师。机场到舍纳贝克市并不近，需要五六个小时的车程。皮特开得飞快，我们估算时速在160千米以上。我注意到，德国人不随便变换车道，同一车道上的车基本匀速，所以高速公路也是三车道，但显得井然有序，速度快却较安全。一路无话，深夜终于到达宾馆。

这一天是2004年11月1日。

海外唐人街

国外各大城市有大型的华人聚居区，称为唐人街、华人街、华埠、中国城，其中唐人街的称呼最为普遍。为什么呢？据说，历史上，唐朝对海外影响巨大，宋代时"唐"就已经成了东南海外诸国对中国的代称。历经宋元至明清，外国将中国或与中国有关的事物称之为"唐"。1673年，纳兰性德《渌水亭杂识》："日本，唐时始有人往彼，而居留者谓之'大唐街'，今且长十里矣。"华人初来异国，人生地疏，言语不通，因此他们便集中住在一起，团结互助，休戚与共。起初，他们开设方便华人的小茶馆、小饭铺，接着是豆腐坊、洗衣店等等，逐渐形成了华人生活区。后来，越来越多的当地人，也经常光顾这里，他们称这里为"中国城"，爱上了这里的中国饭菜。后来，"唐人街"成了繁华街道,街上除了饮食业外,刺绣、中国古玩等也都在当地享有盛名。同时,唐人街办起了华人子弟学校,从事中文教育。还有各种同乡会、俱乐部、影剧院等,成了富有中国民族特色的特殊街区。每逢春节,这里耍龙灯、舞狮子,爆竹声中除旧岁,保留着中国传统的种种风俗。

显而易见的是,唐人街的形成与当地华人数量、居住历史密切相关。唐人街主要是商业街、生活街,如果没有足够数量的人口,聚集那么多行业是困难的。与此相对照的是,华人餐馆几乎遍及世界各国,据说美国的略微大一点的镇都会有中国餐馆,我曾去过德国的一个很小的城市舍纳贝克,也有一个中国餐馆,不过是越南人开的。但是,要形成中国城却没那么容易。例如德国柏林、杜塞尔多夫有小规模的华人居住区,但称不上唐人街,再如乌克兰的基辅、哈萨克斯坦的阿斯塔纳似乎就没有成规模的华人聚集区。

我去过的国外城市中,比较大的唐人街有美国的洛杉矶、旧金山、芝加哥、纽约,英国伦敦,意大利的米兰,澳大利亚的墨尔本、悉尼,日本的大阪。

唐人街的布局、外观非常相似。既然叫作"街",当然是商业街的格局。有的是一条街绵延很长,例如墨尔本的唐人街,更多的则是主街和附属的街交错或平行。街的入口处常立着一块牌坊,上书孙中山的"天下为公"或者"礼义廉耻"等,里面的建筑物外观有中国样式的飞檐画栋,也有西方风格的。街两边就是各种各样的超市、饭店、理发店,也有小诊所、律师事务所、旅行社甚至报社之类,在芝加哥我还发现有良子足浴、佛教寺院。

超市的商品琳琅满目,基本满足中国人常用的物品需求。例如不易存放的豆腐、豆芽,肯定是每天现做的;再就是中国常见西方不太多见的大白菜、菠菜、芫荽等等;至于能存放时间长的商品,如贵州老干妈、乌江榨菜、康师傅方便面、北京二锅头等等,更是数不胜数。但总的来说,南方特别是广东、福建一带的商品更多一些,这是因为这两个省出国的人数多,而且从事这一行业的人多——其他各省出国的人有相当多的是从事科研的高科技人才,山东的商品似乎就是曲阜的孔府家酒,其他并不多见。

与国内超市有些不同的是,除了中国商品外,还有中国周边国家的商品,如日本的米酒、纳豆,韩国的泡菜、清酒,马来西亚的白咖啡,印度的咖喱等。

海外中餐馆

中餐馆是海外华人谋生的重要手段。小型的中餐馆以家庭作坊为主，方便经营；餐饮又是消费的主项，创业风险低；餐饮的入行门槛较低，除了语言以外，并无其他特别要求——其实语言也仅仅是前台接待、服务员需要，对于后厨的人似乎也非必需。中餐在世界上也是很有特色的食品，所以中餐馆在全球分布广泛，并不奇怪。

由于出国谋生的人以广东、福建、浙江人居多，国外中餐馆的口味以南方为主，兼顾北方口味，所以我吃起来感觉像是假中餐。越是小城镇的中餐馆，为了扩大客源，越要兼顾各种口味，这就导致饭菜越不正宗；真正到了大城市，中餐馆云集的唐人街，餐馆分类很细，一定要突出国内的地域特色，像川菜、粤菜、淮扬菜、湖南菜、西北菜（主要是兰州拉面、西安羊肉泡馍）等等。

我吃过的最有地方特点的中餐馆，是芝加哥的湖南餐馆，从装修到饭菜质量，均带有明显的地域特色。服务员全部穿着文革期间的黄军装，斜背着黄书包——现在国内餐馆也很少见这样的装束。墙上是大幅的毛主席像，配着"为人民服务""好好学习，天天向上"等题字；还有一面墙专门展示了湖南省历代名人，如欧阳询、怀素、周敦颐、曾国藩、宋教仁、左宗棠、毛泽东、雷锋、朱镕基。我点了毛氏红烧肉、干锅茶树菇等，感觉做得非常地道。

海外的中餐馆也是分档次的，在洛杉矶时，导游曾指着一家装修得像故宫一样的饭店说，这是本地档次最高的中餐馆。在德国柏林，我也曾到过一家很讲究的中餐馆，这家餐馆是中国驻德国大使馆的接待饭店，饭菜自不必说，肯定是原汁原味的，盘碗都是从江西景德镇定制的。当然，大多数餐馆还是寻常百姓消费的档次。在美国，吃过几次自助餐，品类还是非常丰富的，就餐标准也高一些。唐人街还有些地域特色明显的小吃：在旧金山我还见过青岛锅贴；在墨尔本吃过火锅，见过绝味鸭脖；在米兰吃过重庆小面，但我怀疑是火锅调料做的；米兰还有北京炸酱面、驴打滚儿，天津煎饼果子等。

经营中餐馆的人会是哪国的人呢？这好像是个愚蠢的问题，但事实并非如此。我第一次吃的中餐是在德国一个很小的城市——萨恩州的舍纳贝克市，当时一进门就感觉装修不太对劲，饭店的饰品有坐佛、大象，一问，果然是越南人开的，当地的德国人根本就不知道。在美国、澳大利亚，外国人开中国餐馆也是有的，当然他们可以雇佣中国籍厨师。同理，中国人开外国餐厅的也不少，米兰有一家很火的日韩餐馆，就是中国人开的。

随着国人出国日益增多，开设的餐馆也越来越多。2009年我去英国南安普敦时，好像只有两家中餐馆。2017年再去时，发现已经很多了，仅是在我拜访的学校周围就有三家，当然都是规模很小的快餐店。

说起来好像是笑话，很多中国饭菜我在国内没吃过，甚至没听说过，在国外才第一次见识。例如锅包肉，我在韩国首尔吃过，才知道它是东北菜；海南鸡饭，是在新加坡第一次品尝的；还有一些菜，我分不清原产于哪里，像肉骨茶，在马来西亚和新加坡很流行，是福建、海南传过去的呢？还是海外华人发明的？度娘说："肉骨茶是一道以猪肉和猪骨配合中药煲成的汤底，分为新加坡的海南派及马来西亚的福建派，海南肉骨茶有较重胡椒味，而福建肉骨茶有较重药材味。其独特的风味扬名海外，深受各地游客喜爱。"

好了，欲知中餐馆味道如何，您还是亲自去尝尝吧。

香港佘先生

谈到我的国际交流工作，一定不能绕过的一个人是香港的佘先生。

佘先生对我的帮助太大了，从工作——英国留学、短期交流、公务出国，到生活——我、孩子、我的朋友，处处受到他的关心和帮助；十年来，我们已经成为稔熟的无话不谈的朋友。

我曾试图概括他，如尊敬的兄长、热心的朋友，有着青春的心态、勤勉的态度，认真地工作，这些说得都对，却仍不能概括他的全貌。

一

佘先生名字叫作佘观尧，是英国 Itchen College（伊钦学院）中国招生处主任。Itchen College 是一所公立的 A-level（英国普通中等教育证书考试高级水平课程）学校，升学质量是很不错的。学校位于英格兰南部南安普敦市，该市拥有英国第二大港口，1620 年开创美国立国之本的"五月花"号（May Flower）就是从这里驶出的，举世闻名的"泰坦尼克"号（Titanic）也是从这里起锚的。

2010 年春天，我突然接到一个来自香港的电话，打电话的正是佘先生，他问我愿不愿意组织学生参加一个英文作文比赛。原来，Itchen College 为了招生宣传，搞了一个中英学生同题作文比赛，获奖的中国学生将被邀请到英国进行文化体验，每人获得 2 000 元至 6 000 元不等的人民币补助。这真是从天上掉馅饼的好事啊！我一口答应，就追问他怎么知道我的电话的。他说从我校的英语网页上看到的——我确实做过一个英语版的学校简介，挂在校园网上。他解释说他也不知道如何选择大陆的高中学校，就用英语上网搜索，只要学校有英语网页，就应该比较重视对外交流，这确实是一个好办法。我又问，英国学校搞这个作文比赛目的是什么？他说，英国人认为二十一世纪中国肯定在世界上大放异彩，英国的孩子必须学会与中国人打交道。同题作文，就是要看看面对同一个问题，中国人怎么想的，这样英国孩子就会了解中国孩子的思维方式。哦，老牌帝国主义国家真是老谋深算啊！不管怎样，我和佘先生从那时就接上了头。没过多久，英方派出 Kamil 访问我校，双方正式签订了友好协议。5月1日我率领6名获奖学生赴英国进行了为期9天的交流。

Itchen College 对员工工作有明确的要求，佘先生每年必须至少一次走访友好学校，这样佘先生就经常来日照，大多数时候他陪同英国来的 Kamil 或 Luoise，有时候也自己来。就这样我们逐渐熟识了。

二

佘先生生于1956年，祖上是广东汕头。他身量较小，鼻梁较低，鼻子扁平，符合人们心目中对南方人的认识。头顶已秃，头皮锃亮，只好用耳边的几根长发来支援。他身体还算强健，动作敏捷灵活。他最常见的形象是背着一个双肩包，拖着一个大行李箱，却撅嘎撅嘎走得很有劲头。因为他到内地北方，就要走访上海、江苏、山东甚至辽宁等省的学校，需要带一些宣传册、小礼物，再加上自己的换洗衣服等，所以他的行李就很大很沉。当然，广东、福建离香港近，他去的次数更多。

佘先生比较幽默诙谐，很喜欢开玩笑，也喜欢逗弄小孩。他经常说的话是"我十六岁啊"或者"我十八岁呀"。他温文尔雅，彬彬有礼，"对不起""谢谢"不离口，也喜欢用"你有没有搞错呀？"来表达复杂的感情。他的港式普通话"乡土"气息很浓，以至于不容易听懂。我也是经过长时间打交道，才慢慢总结出了他的说话规律。例如，我们说一所学校，他说一间学校，而且 jian 发成 gan；sh 发成 x（老师—老西，舒服—虚服）或者 s（学生—学 seng）；e 发成 uo（喝—豁）；ch 读成 q（好吃—好起）；k 读成 f；另外有的介音他也省去了，广东的 guang 他读成 gang，dong 读成 deng。

佘先生有一子一女，女儿学的是法律，原先在香港做律师，后来去了伦敦。儿子是个飞行员，在国泰航空驾驶客机。因为是飞行员家属，佘先生可以折扣很低的价格买机票，他就经常携带太太去欧洲、东南亚等地旅游。

2019年2月，我去了一次乌克兰，佘先生知道后很感兴趣，问我什么时候再去，他一定与我同行。我原以为他是随便说说，后来他又郑重地跟我说，他可以用他儿子的身份买折扣机票，我才意识到他是真的想去。

儿女大了，都不在他们夫妇身边，而且孩子从小接受的教育，似乎与西方更接轨。女儿在伦敦，佘先生问她有没有男朋友，女儿回答"关你什么事"。儿子也搬出自家，另外租房居住，所以一家人并不怎么常见面。

三

佘先生的工作很有成效。Itchen College 的 100 多名外籍学生中，佘先生招收的有一半多。香港的有五六十个，内地有二三十个。中国学生总体比较争气。就拿我输送出的近十名学生来说，就有二人考入牛津大学、一人考入伦敦政治经济学院、二人考入伦敦大学学院。Itchen College 是一所英国政府特批的二十五所可以招收外国学生的公立学校，外国学生享受很优惠的学费，每年吃住学习等全部费用大约 13 万人民币，远远低于私立学校的花费（其他私立学校一年的费用大概在 30 万~50 万元）。Itchen College 的英国本土学生是主体，大约 1 200 人，引进部分外国学生，是英国一个眼光非常长远的战略。从某种意义上说，外国学生就是标本，或者说展示窗口，让英国学生了解不同民族、不同文化，了解外国人特别是中国人的所思所想，学习如何与他们打交道，当然客观上双方也增进了友谊。但是从另一个方面看，中国孩子并不吃亏，交流是相互的，别人了解了你，你也就了解了别人。中国孩子全部安排在当地的寄宿家庭里，过着纯粹的英式生活，这种朝夕相处恐怕比上一个国内的英语本科学得更多，这也是一种难得的人生体验。Itchen College 招收学生把关较严，逢进必考，一般先笔试，合格后再面试，这也是他们为什么每年要走访内地高中的原因。

在认识佘先生以前，我自己没做过英美签证，一是英语水平不高，二是签证用的公文术语太规范。从 2010 年开始，佘先生手把手地教我做签证，短期交流的签证略微简单一些，学习签证（CAS）就比较复杂。当时还没有微信，交流都是用电子邮件，佘先生发来大量图片一步步指导我，并且解释为什么这么填写。因为做签证并不是简单地模仿，你要了解相关背景，例如英国的教育制度、考试制度、出入境要求等等，再如寄宿家庭的成员概况、生活水平、离校距离等等，才能填得严丝合缝，否则就可能出纰漏，导致拒签。总之，从那以后，我就可以独立做英美澳欧盟的签证了。

四

人和人之间的交往，工作以外的事情可能更重要一些。

佘先生他们来访，一般是学校公务接待一顿，其余的学校不再管了。我呢，要尽地主之谊，便自己请他们吃顿饭，也开车送他们到车站。但他们不愿花我的钱，有时先谈好必须由他们结账。后来熟了，我就直接请他们到亲戚朋友家，请他们体验地道的中国家庭生活。当然，为了看起来体面一些，我找了一些收拾干净、装饰典雅的家庭。

通过这些年的交往，我发现，无论是佘先生还是 Kamil、Luoise，都是些真诚、实在的人。英国、香港收入较高，他们出差住宿，按规定每晚可以花到 1 000 多元，但他们一直住经济型酒店，绝不多花钱。他们自己从网上预订宾馆时，大多订山孚大酒店，主要是为了方便乘坐机场大巴。有时我帮忙定，我就给定得略微高档一点，如魏园、君临天下、蓝海、岚桥锦江，要不显得日照太土气似的。

2012 年，女儿要去香港考托福。佘先生来日照的时候，闲聊时得知这事，第二天便塞给我 1 600 元港币，还用了大小面值不等的纸币，说是零钱花起来方便。当时我就很感动，很有感慨，到底是中国人啊，骨子里的东西是在的，让人感觉很有人情味。西方人基本不搞这一套，公是公私是私，分得很清楚。

2013 年，我去香港办事。佘先生得知后，当晚请我吃饭，在香港一家特色饭店，专门做烧乳鸽。在此之前，我从不知道鸽子还有这么多口味、这么多吃法。第二天早上，又请我喝广东早茶，饭和粥花样繁多、品类复杂——这是迄今为止我唯一一次喝早茶。

五

2019 年 3 月，佘先生来访，工作之余还有一天的时间，我邀请他去我老家看一看，他很高兴地答应了。

熟人承包了块山场，养猪养鸡做葡萄酒，我们先去那儿看看。车从小卜落崮拐向东北，沿着乡间水泥路直达。在那里，佘先生惊奇地观看了健硕的山猪——这对于一个香港人来说是很少见到的，在池塘边观察了鹅鸭轻盈自在地氤水，进入白酒、葡萄酒窖池，最后参观了层层的梯田。山上建有蓄水池、游泳池，客房里面太阳能、空调、抽水马桶、洗浴设施等很齐全，生活当然是不错的。他对此赞叹不已。

离开这里，我们去了龙山仿古一条街，这几年，龙山镇把驻地的两条主街店铺全部装修成古香古色的模样，又在计生站前面的十字路口立了四块碑，刻了四个字"古韵龙山"，摇身一变就成了古镇。当然搞了古镇就要招商引资，房租极低，竟然引来了一家杭州饭店。我就在杭州饭店请佘先生吃饭，果然是南方口味。饭后去街上转转，去了正基超市。在超市二楼一家卖儿童玩具的店铺前，孩子挑选了一架遥控飞机，佘先生声明，必须由他付账。我们先试一试遥控飞机，结果在室内，飞机不是撞到货架就是撞天花板，于是孩子去楼外小广场上放飞，佘先生自告奋勇跟他去。我们在楼上等候，结果一等不来二等不来，过了好长时间，才见佘先生气喘吁吁，孩子面色阴沉地跑回来。原来那飞机不太好遥控，飞机升上了天，却再也不肯回来，两人眼睁睁看着它飞过马路，飞过民房，然后不知所踪。两人根据刚才看见的方向去搜寻，却怎么也没找到，这才悻悻地回来了。虽然飞机失踪，但飞机款还是要付的，幸亏不贵，38元。佘先生交了钱，那老板有点不忍心，主动给了孩子一架塑料的滑翔机，这才皆大欢喜。

继续上路，我们决定去魏家石河看山村民房。我们进了一个老式的有些破败的农家院。大门口朝西，一进去迎面是牛栏和茅厕，再往北是东屋，一般是厨房，西墙里搭着个小棚子，放置农具等杂物，再就是正面三间瓦房。院子里还有两架干玉米。佘先生很谦恭地问："我可以拍照吗?"在经过主人同意后，他才拍了一些照片。临走，他再三致谢。这次莒县之行，他很兴奋，这是他第一次深入到北方农村。

行文至此，一起经历的事情涌上心头：我曾带他们去过莒县文心高中、诸城繁华中学，我们曾一起在青岛帮我同学孩子办留学；我们聊过各种各样的话题，各人家庭、国际教育、不同学校、共同的朋友等等。今年由于新型冠状病毒疫情，他也不便出行。所幸，大家都没感染上病毒，但愿人长久，千里共婵娟。

丹尼尔的中国梦

丹尼尔是荷兰人，他有一个中国梦——在中国娶上媳妇，在中国安家。

这个梦源于他的信仰。他信佛教，他觉得来到中国，很多事情似曾相识，他认为自己的前世就是一个中国人。他虽然信佛，但不吃素，倒是相反，非常喜欢吃肉。一次我们家庭聚会，在五莲山下吃烤羊，我邀请他一起去，他愉快地答应了。在饭桌上，他基本没有与我们交流，全神贯注地对付烤羊肉，而且吃得特别急，为消灭那只整羊做出了巨大贡献。说到吃，这似乎是他的一大特征，无论是海鲜，还是肉类，他来者不拒，吃得很多。有时风格清奇，令人咋舌。在石家庄，我的学生请我们吃铁板羊肉，他吃着吃着，忽然提出来："这羊肉质量很好，烤了吃太可惜，还不如直接吃生的吧。"然后直接切生肉蘸调料吃，把主人吓得不轻。

丹尼尔对于中国的师生关系评价很高，他耳闻目睹我与学生的交往，甚至间接地享受了一些便利，认为中国师生感情深厚、关系融洽。他在2016年与我校的合同期满，在石家庄找了新工作，暑假期间，要把所有家当搬到新学校。他打算自己租一辆面包车拉到石家庄。这本来是他自己的事，与我没什么关系。但我想到他都接近六十岁的人了，又不会说汉语，估计交通规则也不熟，自己开车去太累太危险，何况他的行李太多，还有一辆电动车，一辆面包车根本放不下。我就建议找我的学生借一辆小卡车，我和他轮换开车送他。这事很容易商量，他马上同意了。正好我还有一个学生在石家庄工作，我就联系让他帮助接待一下。那个学生高中毕业已19年了，也算小有成就，一听说我去，非常高兴，吃住安排一条龙。丹尼尔见证、感受到了我们的情谊，非常感动也很羡慕。他感慨地说，中国的老师真幸福，学生一直记得，荷兰的学生毕业后，基本与老师形同陌路。——其实我知道他说的不对，国外也不全是他说得那样，但也没必要与他争辩，就附和了他的意见。

去石家庄以后，他每个月回到日照来见他的女友，偶尔也跟我见一次面，后来联系就很少了。直到 2019 年夏天，我问他在哪里，他说已经回到荷兰了。看来他的中国梦已经破灭了。

教育随笔

新西兰的日出先照之城

日照以"日出初光先照"而得名，当我把这个消息告诉来访的新西兰朋友时，他大煞风景地说，我们才是世界上太阳最早升起的城市。原来，新西兰确实是全球最早进入新一天的国家之一，它位于国际日期变更线上，比北京时间早四个小时。每年9月底10月初至次年3月底4月初新西兰使用夏时制，比北京快五小时。吉斯本市（Gisborne）又位于新西兰北岛的东北端，号称是世界上"迎接每天清晨的第一缕阳光的城市"。

吉斯本最早与日照建立联系应该归功于一个华裔市长，市长名唤廖振明，祖上是香港人，他大概是第二代或第三代华人。廖市长积极推进与中国的协作关系，早在2001年就与岚山三木集团合作。吉斯本市有森林资源，出产大量木材，就卖到三木集团。2008年我出访吉斯本，就在市政府见到日照的农民画、黑陶等礼品。近些年，则与凌云海集团合作，出口到日照的产品有葡萄酒、矿泉水、蜂蜜。酒的质量不错，价格也很高，好像干红380元一瓶，干白460元一瓶，凌海大酒店有展销。矿泉水叫作云海泉，腾讯视频有宣传片，阿里巴巴有售。

吉斯本是毛利人聚集的地区，毛利特色鲜明。毛利人是"唐加塔环努瓦"（即大地之子），是新西兰的原住民。一千多年前，他们从神秘的故乡波利尼西亚的哈瓦基来到了这里。如今，毛利人占新西兰总人口的14%，他们的历史、语言与传统是新西兰独特个性的中心。在新西兰旅游期间，你一定不时听到毛利语言——蒂雷欧毛利语。几乎没有新西兰人会听不懂常见的毛利用

· 147 ·

语及短语。你自己可能也会学上一些。就从"kia ora"——"你好!"开始吧。

毛利文化表演包括传统演唱、舞蹈及 haka 表演(古代战舞),观赏是亲身体验毛利文化的绝佳方式。在罗托鲁瓦,以及在全国范围内,团体旅游首先带你在毛利人会堂(集会场所)感受传统的毛利欢迎仪式,你不仅能够欣赏到精彩的文化表演,还能够品尝到土制烤炉烹饪出的石窑大餐。

毛利视觉艺术,如雕刻、编织以及文身,仍然在新西兰蓬勃、健康地发展。珍贵的装饰品及传统武器均可以在南北两岛上的文化中心与工作室找到。如果你正好赶上了雕刻或编织展,你将有幸看到许多从过去一直使用到现在从未改变的传统技艺。除此之外你还可以了解一些当代的毛利艺术、时装、电影与电视,你会发现毛利的创新表现手法一直不断地在发展进步。

市长夫人的两元店

在新西兰的吉斯本期间,和廖市长及夫人有过四次见面。之所以见得那么多,是因为我们的教育访问纳入了友好城市交流计划,带有官方性质。

第一次见面是到达吉斯本当晚,市长设宴接待,当地政府部门主要官员和社会各界精英参加,市长夫人也参加了晚宴。市长夫人陪同参加公众活动,这与中国不同,但与西方相似。顺便说一下,澳新的宴会相对简单,每个人只吃自己的一份,没有公共的盘碗饭菜。正规的宴会一般先上一小盘蔬菜沙拉,每人一份,再上主菜和主食,也是每人一份,放在一个大盘子里。主菜和主食不是统一一致的,事先服务员会让你自己点好,主菜有煎牛排、炖猪肉、炖羊肉、鹿肉、烤鱼等,主食就是薯条、米饭、土豆泥等。吃主菜时可以喝点葡萄酒、啤酒、苏打水之类饮品,饭后再上一点甜点,如小蛋糕、冰激凌等。饭局主要是坐着闲聊,绝不像中国菜品那么繁多。

第二次见面是在市政府的正式欢迎见面会上。市长专门带上绶带,带领教育官员和毛利酋长一起欢迎我们。吉斯本是毛利人的重要聚集地,大概类似于我们的自治州、自治县,毛利酋长具有很高的社会地位。欢迎会上,市长和酋长一起唱了一首毛利民歌,听起来有点忧伤。然后市长和夫人向我们的每一位老师和同学赠送了礼物,并一一合影留念。这一点还是很令人佩服的,他们一点也不嫌麻烦,照顾到每一个来访客人。然后,由其他官员带领我们参观市政府,介绍吉斯本情况。

第三次见面是在学校举行的接待晚宴上。市长又偕同夫人参加了晚宴。这一次人没有那么多,也不像第一次晚宴那么正式。大家就随便聊聊。需要说明的是，这里的餐桌不像国内那样是圆的，而是长条状的，长条两边分别放置两排椅子，位置一一对应，便于个人相对说话。我正好和市长夫人对面，就和她先聊了一下。她也是华人后裔，会说汉语，但带有浓重的广东口音，所以我也听得不是太懂。她有两个女儿，说自己又工作又带孩子，很忙碌。但丈夫是市长，公众人物，时间不是自己的，也顾不上家。

第二天，我们到市区随便转一下。走到一个小店门口，感觉人来人往比较热闹，就走进去看看。原来这是一家很便宜的超市，类似国内的两元超市——"每年商品都是两元，你买不着吃亏，买不着上当"。仔细看来，很多商品都是广东产的。正在这时，一个女人过来打招呼，哦，这不是市长夫人吗？她也来这种档次的小店买东西？我疑惑地问她。她很自然地递给我一个塑料盘，说："这个店就是我的呀，你自己随便挑好了，挑好的放到盘子里结账，我可以给你们大优惠。"

唉！只能说，这里的市长真不"值钱"！

新西兰学校一瞥

在吉斯本期间，我们走访了三所学校，其中利顿高中是我们的友好学校，自然是主要根据地，另外参观了两所初中。这种参观交流是浮光掠影式的，又写不出一个明确的主题，只好以"一瞥"概之。

从校容校貌上看，澳大利亚和新西兰的学校基本一致。建筑物一般由一系列平房组成，很少有二层以上的楼房。这些房子外观是砖或铁皮，室内却是木板，地面也是木板或者地毯。除了常见的教室、办公室、图书馆、体育馆外，还有一些功能教室，例如木工教室、烹饪教室。室外还有绿草茵茵的操场，学校几乎没有裸露的地面。

新西兰北岛冬季不算冷，气温在 8~15℃，但也不热。但很多学生穿着短衣短裤，赤脚在草地上跑来跑去，无论男生还是女生。学校发校服一下发三套，夏季、春秋、冬季的都有，你自己随便穿吧。

学校令我印象深刻的有这样几件事。

一是利顿高中设有育婴室。不要认为这仅是为老师设的，学生也可以带孩子到校。原来，新西兰法律规定，女孩 18 岁可以结婚，但父母同意并监管的话，16 岁也可以结婚。毛利人从原始社会一下子跨入资本主义社会才 200 来年，似乎还保留了点旧的习惯，比白人结婚要早一些，所以毛利女孩带着孩子上学不是稀罕事。

二是劳动技术课是真刀真枪地上。木工教室内有着各种类型的刀锯刨锤，还有电动设备如车床。他们很注重劳动安全，教室里用大字写着：在你按动所有机器按钮前，请确认——是否同老师一同检查过？是否带上了护目镜？

是否扎紧了头发和衣服？那节课的要求是，学生自己做一个二层的别墅模型，学生要设计别墅外形、结构、房间等，自己用电锯解开木板，把木板用砂纸打磨得非常光滑，用卯榫或者钉子钉装成型。学生们拿着各种工具忙得不可开交，但看起来忙而不乱，应该是经常做木工活才会这样的。我还参观过一节烹饪课，要求学生烤制甜点。老师在白板上写上了各种食材的搭配比例，学生和面揉面，放到模具中，然后放到烤箱里，最后要真正做出可以吃的食品。

三是实验课上得非常规范。化学实验课上，每组学生都有充足的实验器材，烧杯、试管、量杯、试剂，教师非常耐心地巡回指导。他们非常重视让学生自己动手，尽量让学生还原物质变化的过程，自己去发现问题、解决问题。这让我很有感慨，我们这边经常是教师演示实验，甚至观看视频中的实验——既省钱又安全又减少麻烦——师生都很高兴，不就是为了考试嘛，谁会费那么多力。但是教育的本原似乎也随之而去。

四是课堂教学活泼实用。我参与了一节经济贸易课。教师在课前给每人发了世界地图，要求选择一个国家，写出这个国家的产品、价格、运输方式。准备好以后，直接把课桌搬走，学生两两相对促膝交谈。每个人都向对方介绍自己代表的国家的产品，然后考虑自己国家需要的产品，双方可以以货易货，可以用货币结算，再讨论运输价格。十分钟后，全部学生站起来，谈判双方各自向不同的方向换一个座位，这样你面对的又是一个不同的国家，双方再次进行谈判。最后每个学生都同三个国家的人做过贸易。教师要求他们统计出自己的贸易额，然后简单分析一下各国出口产品特点，如农产品加工、机械制造、纺织服装、电子产品等等。

五是图书馆功能齐全，备受学生欢迎。电脑、报刊、书籍等资料齐备，学生可以自由查阅。中间悬挂着各国国旗，墙上是毛利人的各类图案、图腾实物，既有宽大的阅览桌，也有可以躺在上面的大沙发，里面还有咖啡机、饮料机。总之，虽然图书馆是知识宝库，但并没有布置得那么庄重严肃，而是舒适随意，极具亲和力，似乎在极力吸引学生喜欢图书馆，愿意进入图书馆。

由于我们的文化背景、教育理念很不相同，我无法直接评价其优劣高下，但是，这种不同却让我知道了不一样的教育，让我重新思考教育的真谛。

我所体验的毛利文化

毛利人(Maoris)是新西兰的原住民和少数民族，据说是四千多年前从台湾迁出的原住民，与台湾阿美人有相同的文化渊源。毛利人遭遇西方人以前，还处在父系氏族时代，他们从原始社会直接跨入资本主义社会，这期间疑惧、反抗、斗争、被同化的血泪史是显而易见的。

2008年8月，我在访问新西兰吉斯本市时，亲身体验了毛利文化。

从奥克兰国际机场到吉斯本很远，坐大巴需要十多个小时，我们决定在中间的罗托鲁阿停留一天，一方面休息一下，另一方面参观一下毛利文化村。进入村落，首先看到的是木刻的图腾像。木刻极力把人的眼、嘴等部位夸大，周围刻成圈圈螺纹，上下涂成褐红色。再往里，陈列着古时的草舍、岩洞、树屋、树穴、树哨、弯弓石器、大刀长矛等等，让人一下子穿越到古代。进入一个手工编织大厅，毛利人正在编织手提包、篮子等物品。他们的皮肤略呈棕色，身体粗壮。传统的毛利人还喜欢文面，当然现在很少有人文了——随着国际交流的增多，现代人似乎是越来越趋同了，例如毛利人、中国人、日本人都是西装革履。在一个木刻厅，毛利人在精雕细刻，刻出来的人物挂像，神态各异、栩栩如生。

到了吉斯本市，发现这里的毛利文化已经主导了日常生活。每次正规的聚会或活动，一定要集体合唱毛利歌曲，重要的场合，毛利族的酋长要出席。到达吉斯本市的第二天(8月8日)晚上，市长设宴接待我们，政府官员和社会各界人士作陪，他们先站成一排，集体唱了一首毛利歌。这歌曲当然听不懂，只感觉旋律略带忧伤。第三天，学校举行欢迎仪式。学校建有一所毛利特色的大房子，仪式设在大房子东门外。我们坐在门南面一侧，利顿高中（Liton High School）师生和毛利族酋长坐在北侧（新西兰在南半球，太阳从北边照过来，这个方位是根据太阳来判断的）。欢迎仪式上，吉姆（Jim Corder）校长致欢迎词，我致答词，然后互赠礼物。然后，酋长、校长等人站起来走到房门口，我们则排成一排，和他们一一举行碰鼻礼。碰鼻礼正规的做法是：抬起双手，张开双臂，两手轻轻搭上对方双肩，慢慢地先是鼻尖，后是前额，看准对方的相同点，轻轻地贴靠。我们由于人多，就简化了程序：鼻尖对鼻尖，互碰三次，然后才进入那所房子。碰鼻礼据说是"同呼吸，共命运"的意思，虽然是第一次，我们都没有拘谨。

当天晚上，利顿高中举行欢迎晚会。饭前，首先进行了毛利歌舞表演。表演者本来应该是民族装扮，赤膊光足，系着草裙，脸上画脸谱，手持长矛，由于表演者是中学生，就直接穿着校服表演了。表演前校长介绍，他们学校的这个毛利社团曾获得过新西兰全国中学生比赛第五名。表演时，一个人领头，喊着各种口号，其他人应和，女生双手高举，不停地抖动，像树叶在空中飞舞，象征着人不停运动的生命，男生则身体变化不同的动作，发出或低沉或高亢的呼喊。现场气氛很浓厚，明显地让人感受到原始先民们与天斗、与地斗、与人斗的悲欢感受。

第四天，我们被安排到其他学校参观，其中一所就是以毛利文化为特色的学校。他们教我们毛利歌舞，男女分组。女生每人发了一个用线拴着的小白球，一面学唱歌，一面用小球做出各种动作。男生则学的是哈卡战舞，用大幅度的动作来威吓敌人，如瞪大眼睛，吐出舌头，前后左右来回跳跃。大家很是兴奋，跳着跳着笑成一团。

最后一天晚上，又是送别晚宴，这次酋长又亲自出马，主人们还是先唱了一首毛利歌。这次需要我来致感谢词。因为是现场发言，我记不清楚当时怎么说的，大致意思是，每个民族生存下来都不容易，都有自己的悲欢离合，都有自己的喜怒哀乐。你们的歌曲我虽然听不懂，但能感受到它所蕴含的情感。越是质朴的艺术，越能直达人的内心。这番话赢得了主人们的热烈掌声。

回国后的那年十月，我突然接到一个来自新西兰的电话，电话那头告诉我，她是我们参观的那所毛利专门特色的副校长，她们学校的歌舞团来北京人民大会堂演出。我热烈祝贺她，并邀请她们来日照，但她们日程很紧，就此别过了。十多年过去了，与他们的联系逐渐减少，但那段记忆却长久地记在了心中。

关于牧羊犬及其他

先问一个问题：一条高大威猛的牧羊犬和一条娇小灵活的牧羊犬哪一条管理羊群的能力更强？哪一条价格更高？

当然，实地考察以前我也不知道。——这个问题离我们实在是太遥远。

到达吉斯本市的第二天，利顿高中安排我们参观当地的牧场，来体验当地的生活。这个牧场位于丘陵地带，边上有一排排的桉树。牧场用铁丝网分隔成不同的区域，羊群、牛群分别圈养。牧场主的房子就建在牧场中，在一个小山的前面。周围遍植杂树，房子前面有一棵很大的松树，树上拴着一根吊索，吊索下系横木，便于坐在上面随意游荡。

牧场主首先带领我们参观羊群和牧羊犬，事后想来，这是该次参观的浓墨重彩之处。牧场主有两条牧羊犬，一大一小，平时用绳拴在栅栏旁。他向我们展示牧羊犬是如何工作的。他先解开大的牧羊犬的颈套，呼哨一声，那狗就窜出去了，一会儿就把在外面吃草的羊往回赶。羊群显然有点不知所措，因为平时这还是在外边吃草的时间，不是归牧之时。有的羊磨磨蹭蹭走得不是很积极，牧羊犬就单独跑到这些羊身边驱赶。这条牧羊犬虽然高大，给人的感觉比较温和，很有爱心，慢吞吞地把羊群赶回来了。这时，轮到小牧羊犬上场了，这条犬虽小，却是勇猛凶狠，一解开绳索，它就狂吠，向着羊群猛冲过去，羊们有点惊慌，急急忙忙往牧场中间跑。跑到牧场后，羊们开始吃草，小犬则在羊群外围巡逻。牧场主又是一声口哨，小犬马上组织羊们返回，其中一头羊慢了一点，小犬猛地窜过去，毫不客气咬了一口。羊们一看形势不好，疾速窜了回来，由于跑得太快，跑到了栏杆边上还没收住脚，领头的几只又拐回来。这时，小犬前爪趴在地上，头放在腿间，两眼死死盯住拐回来的羊，羊吓得不敢再跑，就在那里转圈。牧场主过去查看那只被咬的羊，发现羊腿上已被咬出血。牧场主忙把小牧羊犬招回来，用绳子拴住，又亲自把羊群轰走了，才回来跟我们说话。原来，牧羊犬都是经过特别训练的，价格昂贵，小的比大的还贵，抵得上一辆小轿车。大的牧羊犬管理羊主要靠狗吠和驱赶，小的牧羊犬却常用眼神和撕咬，所以显得更凶猛。

牧场主又带领我们骑马，他自己家有一块马活动的场地，跟一个篮球场地差不多，四周拉着绳索。牧场主担心出意外，就亲自牵着马，让我们每个人骑着转了一圈。闲着的人就跑到他家那个绳索上荡秋千去了。

活动完，牧场主一家请我们吃他们自己烤制的曲奇，味道不错。牧场主有三个孩子，大约五到八岁，赤着脚在院子里玩耍，见到我们这么多人有些怕生，不好意思上前说话，但时不时地用眼睛余光看我们。后来一个小的，自己拿了瓶汽水跑到门口，学了李清照的"倚门回首，却把青梅嗅"。

田园梦想之着陆点

从小长在农村，大学学习中文，二者促成了我对田园生活的偏爱。

若问我的田园生活梦落何处，那就是——新西兰。

尽管我只去过一次，尽管我只待了7天，尽管我去的只是新西兰的北岛，尽管我只去过冬天的新西兰，尽管相距现在已12年之久，我还是确定一定以及肯定地说，新西兰满足了我田园牧歌的所有梦想。

这不仅因为新西兰被称作人类的最后一片净土，不仅因为它是"长白云的故乡"，不仅因为有人说："上帝先创造了新西兰，又按照新西兰的样子创造了天堂。"实在是，新西兰的地理地貌、天气气候、风土人情、生活方式都契合我头脑中田园该有的模样。

从飞机上往下看，满目葱茏。深浅不一、层次不同的绿色扑面而来，绿得繁盛，绿得任性，绿得令人心醉。墨绿色的森林覆盖着起伏连绵的山坡，翠绿色的青草占据了坡度平缓的丘陵，偶尔点缀着一两个湖泊，颜色却是湛蓝湛蓝的，像一块蓝宝石镶嵌在大地上。公路像一条窄窄的黑带随地势起伏蜿蜒，汽车像一个个蚂蚁循序爬行。

行驶在公路上，映入眼帘的是永无边际的牧场，白羊、奶牛、梅花鹿自由自在地徜徉其中。下车走入牧场，青草真茂密呀，叶子泛出墨绿的油光。白羊悠闲地踱着步，慢条斯理地吃着草——似乎散步是主业，吃草只是捎带着的事情。天上飘着云——灰云、黑云，黑云过来时，飘下来毛毛细雨，牛和羊并不理会迷蒙的雨雾，一如既往地吃草、前行，大有苏轼的"一蓑烟雨任平生"之意。

新西兰的天气跟英格兰非常相似,雨说来就来,说走就走。雨走了,却留下了一弯彩虹,让从没见过彩虹的学生们欢呼雀跃。空气异常清新,吸一口,满是青草的气息,沁人心脾。一头驼羊静静地卧在草地上,眯着眼睛,沐浴在温暖的阳光下,似乎在思考哲学,追寻其前世今生。

太阳出来啦,天空赶紧换上白色的衣裙。片片白云飘浮在空中,慵懒地不想动弹。夕阳西下,云山草树都染上了一层淡淡的黄色。牛儿要去挤奶啦。牧场主一发射信号,头牛就接收到了,率先往奶房走去,其他牛儿依次跟上,排成一列整齐的队伍。奶房就设在牧场中间,一会儿就到了。奶牛进了圆形的奶房,能吃点平时吃不到的草料——类似小孩的零食、烧烤、肯德基,主要起诱惑作用。草料悬挂在传送带上,牛要吃草,就不由自主地跟着传送带走,这时,挤奶的机器就套上乳房开始挤奶了。头牛走完一圈,就到了出口,奶也挤得差不多了。这圈只有一个方向,牛又是一头接一头,想回来也没办法,于是只好走出奶房,回到牧场。奶房肯定是令牛向往的地方,整洁卫生,响着轻音乐,有馋嘴的零食,可以让鼓胀的乳房得以放松。可惜的是,走完一圈便罢,主人吝啬得很,不许走回头路。

牧场中的房子大多依据地势而建,呈正方形或长方形,基本是平房,几乎见不到楼房。室内墙壁、地板全部铺设木板,前面都有大的落地窗。有的还留出室外走廊,窗户和走廊上常常挂着花篮。房子周围也栽植一些树木。城市里的房子则规整得多,沿道路两侧而建。房子规格形状各异,房子周围是绿地,有的也有院子。

新西兰四面环海,受海洋影响很大。北岛虽处于南纬35~42度,但冬季温和湿润。七月份应该等同于北半球的一月份,但树木仍然葱茏,树叶仍然青翠欲滴。山茶花长成了一面墙,深红色的花瓣正在绽放;黄色的柠檬依然挂在枝头,红色的橘子压弯了枝条;棕榈树展开它阔大的枝叶,向不同的角度化成很多扇子。还有很多不知道名字的花草,竞相展示着生命的活力。

新西兰面积接近山东省两倍,人口却只是山东一半。近500万人口中,最大的城市奥克兰又居住着150万人,还有其他城市如惠灵顿、基督城、汉密尔顿、达尼丁等,居住了100多万人,剩下的人口居住在那么广袤的土地上,的确是地广人稀、人烟稀少。由于境内多山,平原狭小,牧业成为不二选择，全国人均7头羊。由于牧场占地面积较大，生活在牧场中的人们相距甚远，基本不存在邻居之说，更无法便捷地获得其他社会服务。所以，能干的活自己干，是最方便最经济的办法。很多牧场主是多面手，如水工、木工、电工、泥瓦匠等。公共服务如教育、医疗在附近的小镇上，这些小镇也不大。我拜访过的吉斯本市，号称是单一辖区的首府，也不过4万人，基本属于"两个警察一岗楼，一条大街走到头"的档次。由于上述原因，新西兰人很是质朴，穿着不太讲究，待人比较真诚，仍偏向于自然自足的生活方式，类似中国农村的集市也比较常见。

如果你想过一种悠闲、缓慢、自在的生活，你就到新西兰来！

嗨！泰德

尽管离开你已经三年，但我脑海里还是经常浮现出你的笑容，每当这时，我的嘴角不知不觉轻轻上扬，心里默默地打着招呼："嗨！泰德。"

泰德是我去澳大利亚教育交流时寄宿家庭的主人，本身也是一位老师，已经六十多岁了。早在两校沟通阶段，澳洲校方在介绍材料中郑重写道："泰德先生愿意接纳来交流的师生，但是他自己声明不擅长做饭。"我是带队老师，我不下地狱谁下地狱？于是我顺理成章地成了他的房客。到了墨尔本，我忽然想起来该弄个擀面杖，在泰德家露一手，做个水饺让大家尝尝。在华人街上转了一圈，竟然真的买到了擀面杖，顺便说一下，华人街的中国店铺真多，货真齐，花圈都能买到。

我们去的学校位于一个三万人的小城镇，叫作芒特甘比尔（Mount Gambior），靠山离海也不远，探险家 Gambior 先生最早定居于此，以故其后名之曰 Mount Gambior。从墨尔本下了飞机，一路坐了火车又坐汽车，终于在日落以前到达。汽车站直接就是一个国内的公交亭子。哎呀！城市小归小，怎么着也得有个候车室吧，没有，真的没有。我们被引导到车站旁边的一个餐厅，学校领导、老师和寄宿家庭早等候在那里。简单的欢迎仪式后，我把学生一一交接到各个家庭，剩下的几个人中，有一个花白胡子的老头向我走来，此人身材魁梧、面目和善，哦，这肯定是我寄宿家庭的主人了。他把我的行李放后备厢，就先去超市买东西。到了肉菜专柜，他说："你喜欢什么就买什么，我付钱。"商品是很丰富的，张牙舞爪的巨无霸澳洲龙虾，个头很大的粉嫩色的鲍鱼，牛羊猪鸡，但我怎么好意思直奔这些而去，最后挑选了几种蔬菜、猪肉和牛肉，准备包水饺用。

泰德的家住在小城东面的牧场里，周围一千米内没有邻居。木制的单层平房掩映在巨大的松树和桉树下，靠公路的一侧栽植了一些荆棘类的绿植，总之树林荫翳，乍一进去，光线都有些昏暗。房子是澳洲和新西兰常见的那种结构，从外观看呈正方形，墙的外表是砖或者新型的夹板材料，房间内全部附上覆上一层敦实的木板。泰德家的主房前面还盖了个东西向的长廊，可以很好地接收阳光；主房西侧盖了一个简易的车库，车库与走廊连通。进入家门，是直南直北的走廊，左侧是一间客房，面积较大，安排我住在这里；右侧是一个小工作室，桌上里面摆满了画笔颜料——泰德是一个美术老师，还有一台很大的苹果电脑。工作室往里是一间狭长的贮存间，贮存间的南北两面墙壁上都安着木架子，上面放置着调料、粮食等各种各样的杂物。再进去，就是客厅、厨房、餐厅综合体了，以开放式的吧台为分界线，吧台以西为厨房。厨房是全开放的，西墙有一个房间（就是我住的客房后面），不知其用途，我一次也没进去过；北面从西往东依次是一扇门（通往厕所和卫生间）、一个镶嵌在墙壁上的电磁炉烤箱一体机、水池、吧台；南面是一组木制柜子，与两侧墙壁基本持平。吧台以东是一个南北向长、东西向短的长方形，长方形的北墙也有一扇门，通向泰德的卧室，往南是餐桌，再往南是客厅，客厅的前面东面都有窗户，光线很好。客厅的东北方向摆放着一台大电视，西南方向是一组皮沙发，东北方向是一个壁炉。我是在8月份去的，澳大利亚的冬季，泰德每天都要点燃壁炉，烧的是桉树树干。他告诉我，桉树在每年都有枯死的，他砍下来晒干，冬季就有大批的木柴可用了。桉树内含油脂，而且很耐烧，是很好的烧火材料。

房子的后面和西侧是草地，间或有些花木和蔬菜，草地的边沿全部栽种上了篱笆。从外边看，房子掩映在绿树和篱笆中。整个绿地呈正方形，目测有400平方米，房子并不在中央，坐落在其东南部。

在泰德家住了十四天，每天早上他用壁炉煮牛奶燕麦，再加点面包，然后开车带我去学校。下午带我回来，晚饭有时他做，有时我做。吃饭时一边吃一边闲聊。慢慢地对他有了些了解，他是荷兰移民，在六七岁时随父母移居到这里，刚来的时候不会说英语，在学校里非常孤独。他父母的照片就挂在墙壁上，我觉得他父亲是一个很凶狠的人，他妈妈又和善又漂亮。他和老伴都是这所学校的老师，但在 63 岁那年离了婚。他有两个儿子一个女儿。有一天他还带我去了他小儿子家，正好儿子儿媳都在家，他们招待我俩吃了点心——儿媳自己烤制的，闲聊了一会就告辞了。他有一个孙子——我不知道是大儿子的还是小儿子的孩子，但总之是自己在外租房居住。孙子个子高大，在一个比萨店做店员。有一天下午泰德带我去卖比萨，正好碰见他孙子，他非常惊喜地给我介绍，又与他孙子打招呼，但他的孙子似乎是爱答不理的样子。

泰德是一个很节俭的人。他开的车是他女婿淘汰下来的皮卡，是一台柴油车。他很得意地对我说，柴油车又省钱动力又大。他家里厨房的木柜，就是学校实验室淘汰的柜子，他用很少的钱买下来。平时做饭，他务必问清楚我们吃多少，然后照着这个量做饭，搞得我很狼狈——无论喜不喜欢吃，我们必须吃完，不好意思剩下。但是，他要认准要用的设施、要干的事情，却是舍得投钱。他的电视、电脑、洗衣机档次还是很高的。

泰德是一个很直爽的人，说话非常直接，从不拐弯，有时让人哭笑不得。刚到他家，我拿出礼物说，这是我专门送给你的酒，他直接回了我一句："谢谢，我不喝酒。"我这个郁闷啊，你不喝酒做礼物送人还不行嘛，忍了一会，我觉得还是把话挑明比较好。我说："你不喝酒，可以把它作为礼物送人啊，这酒是中国最好的酒，很贵的。"他迟疑了一下，还是表了个态："我周围的朋友都不喝酒。"这话让我怎么接？你直接说我的礼物不好得了。我还送了他一幅带卷轴的中国传统画，画的是梅花，他很喜欢，当即挂在墙上，欣赏了好长时间。

泰德是个大大咧咧的人，做事不在乎细节。问他一些问题，他的答案总是含含糊糊。好比说，我见到一些国内没有的植物，问他这是什么树，他就说我也不知道，问他这是什么花，他也说我不知道。学校组织了欢迎我们的活动，有一个合唱节目我觉得很好，问他歌曲名字，他说："我不知道，你还是自己去问问那位女老师吧。"有一次聊天，他偶然说起来他离婚刚刚四年；我非常诧异，因为他今年 67 岁，也就是说他 63 岁离婚，老两口这么大年纪又离婚？我忍不住好奇心问他："你们现在年龄大了，不应该相互照顾嘛？大半辈子过去了，为啥现在离婚？"他耸耸肩说："我也不知道，反正她要离婚。"真是让人无语。但是，他对于接送我上学放学，却十分上心、十分准时。他每周有一天要执勤，就是穿着黄马甲，拿着指挥棒，到学校门口护送学生过马路，他总是早早喊我起床，吃完饭就急急赶到学校，履行他的职责。

　　泰德待我很好。周末开着他的老爷车，带我去海边看鲸鱼，但那天鲸鱼并没有露面；带我去看袋鼠，这倒是见了很多，南澳州袋鼠泛滥成灾，路边经常能看到，有活的也有被车撞死的；带我去看溶洞、看火山风化石。他喜欢玩无人机，他偷偷地在我外出散步时用无人机录下来，剪辑好了，作为一个神秘礼物送给我……

　　十四天的时间转瞬即逝，我们就要回国了。分别那天，他默默地送我到车站，与我们一一拥抱。然后若无其事地挥手告别。我的心里酸酸的，其实我知道泰德是寂寞的，他的女儿在阿德莱德，大儿子在美国，都不常见面。小儿子就在同一个城市，他每天上班就经过小儿子家门口，但似乎也不常见面。对于我寄宿到他家，表面上表现不明显，其实他是很欣喜的。临走的前一天晚上，他还说："欢迎你下次来，还住在我家。"唉，泰德，多想再一次见到你，轻轻地打声招呼："嗨！泰德。"

　　初稿写于2019年6月16日，修改于2020年2月17日，3月2日改就

牧场奇遇

泰德家住在牧场中，这牧场是从他父亲那里继承来的，他从小听惯了牧马的鞭子，看惯了成群的牛羊。当然现在泰德不放牧，他把牧场租给别人了。

寄居他家期间，一天晚饭后，时光还早，我决定出去散散步。走在乡间小路上，放眼望去，芳草青青。澳洲东部和南部，多的是平坦的绿茵茵的牧场，从墨尔本一路走来，随着铁路、公路的延展，碧草随我更行更远共生。尽管现在是冬季，草仍然比较茂盛，草叶并没有干黄，青翠欲滴；向阳潮润的地方，青草竟如返青的小麦，齐刷刷地长得很精神，草色墨绿。不同人家的牧场用铁丝网隔开，但每块牧场都很大，牛羊在里面随意驰骋徜徉。当地人开玩笑说，草太多了，牛吃不过来，天天发愁，到底吃哪一棵。牧场里有遮风避雨的牛棚羊棚，有的牛还披着毯子，有引流水，牛可以自行前去喝水。牛羊静观风云变化，我自悠然自得。一位跟我去澳洲的女生深有感触地说，来世，我愿意变作澳洲的一条牛。

我独自走在土路上，夕阳西下，把我的影子拉成巨人形状。一头牛忽然发现了我，它吃惊地盯着我看，都忘记了吃草。其他牛本来三三两两地悠闲漫步，受这头牛的影响，也停止了吃草，纷纷抬头向我看。那目光让我感觉，现在我是动物园里的猴子，它们才是观众。我装作不经意的样子，继续大步流星地赶路，第一个发现我的牛突然跟着我走，其他牛犹豫了一下，也陆续跟着那头牛走。远处的牛不知发生了什么事，呼兄唤弟地跑来，牛越聚越多，形成了一个扇形跟在我后面。我想，如果从空中看，那场面一定非常壮观，一个人在前面引路，浩浩荡荡的牛群跟在后面奔走。啊，我真伟大！——当然，牛和我隔着一道铁丝网，否则我不会那么坦然。我想，既然牛那么愿意跟着我，那么愿意看我，那我就与他们面对面，充分地展示一下人的风采吧。我转身向牛走去，一人面对众牛，望着它们清澈的眼睛，很想向它们发表演讲。牛们显然没做好思想准备，它们面面相觑，不知所措，忽然有一头牛掉头就跑，其他牛似乎一下子醒悟过来，掉过头就跟着跑，跑得匆忙，跑得慌乱，狼奔豕突，溃不成军。我突然想起刘兰芳讲的评书《岳飞传》："哥哥兄弟呀，快跑啊，岳南蛮来啦！"

我感觉这事很无厘头，就编发了一条微信发朋友圈。我这样写的："Every time when I walk across the paddock, Cattle always follow me or stand to observe me silently. Perhaps they regard me as an animal in the zoo, and think themselves as tourists. But when I go up, they turn around and run away. Oh, please don't run away, I am a wise man."（每次我穿过牧场，牛们总是跟着我，或者静静地站着观察我。也许它们把我当成动物园里的动物，把自己当成游客。但是当我走上前去，它们却转身就跑。哦，请不要逃跑，我是一个善良的人。）

回到家，我把这条微信给泰德看，泰德哈哈大笑，笑得喘不过气来。这对他来说司空见惯的事情，让我感觉新奇。他说，这些牛特别是肉牛，很少见到人，即使见的也是开着车的人，很少这样面对面接触。唉，原来我就是那"黔之驴"啊！

一部特意为我拍摄的短片

泰德是一个无人机迷,有一台性能良好的无人机。他拍遍了周围的山山水水,还跑出几百千米到澳大利亚国家自然公园 Great Ocean Road(大洋路)那边拍摄。他的视频发布在 YouTube 网站上,点击率很高,也拥有大批粉丝。他得意地向我展示了他的作品,并慷慨地赠送给我二十多个视频。

一天晚饭后,他挤眉弄眼地说,要送给我一件意想不到的礼物,但不会提前告诉我。我估计是当地的什么特产,无非是葡萄酒之类——南澳也是著名的葡萄酒产区,虽然这座小城 Mount Gambier(芒特甘比尔)出产蓝宝石,但送给我这么贵重的礼品应该是个小概率事情。过了几天,礼物这件事我也就淡忘了。

每天晚饭后,我都要到牧场散散步,这天下午也不例外。因为锻炼身体需要有氧运动,我走得比较快比较急,一点也没有留意周围的变化。走了一会,我似乎听到头顶上有嗡嗡的响声,抬头寻找,果然发现在我上空有一台无人机。无人机与我等速前进,但时高时低,变化不同的角度。等我发现后,它就飞到前面,摄像头正对我,像一个小蜜蜂一样,稳稳地立在空中。然后它就开启了疾速模式,立地上升、垂直下降、疾驰、滑翔、掉头、拐弯,转换自如,轻盈自在,瞻之在前,忽焉在后。我一下子想到了泰德说的礼物,肯定就是它了。

果然,回到家,泰德就宣布,无人机摄像的素材已经完成,他正在紧张地制作中。今晚他一定完工,否则就不眠不休。我劝他说,我又不急着看,没有必要搞这么累,这几天慢慢做就是了。他坚决不同意。看来,他对这事的兴趣比我大多了。

第二天一早，泰德可能早就起床等待我了。等我一出房间，他就眉开眼笑地请我观看。拍摄的角度特别，效果很好，制作中泰德专门配上了他喜欢的美国蓝调音乐。我把我能想到的所有赞美词都送给了他，泰德大有知音难觅、相见恨晚之意，眉开眼笑，为之四顾，为之踌躇满志，慨然而受之。

过了几天，我们交流喜欢的音乐，我向他展示了很多不同类型、不同风格的中国流行歌曲，他一下子就相中了姚贝娜演唱的《红军阿哥你慢慢走》。他说，这首歌委婉深情，民族特色鲜明。他为我的视频重新配了这首曲子，并把两个视频作为礼品赠送给了我。

澳洲影像记

丙申猴年冬月，余寓居澳洲泰德之家。泰德祖上乃荷兰人氏，其父移居澳洲，放牧为生。泰德少操童子业，性善绘画，后入邑庠，乃为童子之师。然少居牧场，耳闻牧牛之声，眼观白羊之貌，广阔天地，任其驰骋；故不欲楼房之拘，仍归父母之所。其屋四周，遍植松桉，树林荫翳，鸣声上下。林外芳草，更行更远更生。真乃接天绿草无穷碧，黑牛白羊色更显。

却说洋人性善奇技，泰德尤喜无人机。绘画乃其所长，泰德之观于天地、山川、草木、虫鱼、鸟兽，往往有得，以其求思之深而无不在也。为拍影像，驾车操机，远近无论，早出晚归，探石发穴，靡计不施。常有非凡之作，置于 You Tube，引得粉丝无数。

忽有一日，泰德欲送余礼物，曰自行留意。吾反复自念，其欲效圣诞老人之术乎？得无教我猎礼之所耶？乃于床下门后，衣架书柜，侧听徐行，冥搜未已。而心力俱穷，绝无踪迹。百思不得其解，遂不复聊赖。

晚餐已罢，吾步出门外，疾步牧场。忽闻虫鸣，惊起觇视，无人机停于头顶，嗡嗡之声不绝。初如蜜蜂稳立空中，而后如蟋蟀超乎而跃，行且速。立地上升、垂直下降、疾驰、滑翔、掉头、拐弯，转换自如，轻盈自在，瞻之在前，忽焉在后。高低冥迷，不知西东。吾忽悟泰德前言，此乃礼物也。

未几，吾归。泰德曰："素材已就，今夜剪辑，务必完工，否则不眠不休。"翼日一早，泰德已俟于门外。我一出门，他"翘然矜鸣"，急欲引吾瞻玩。吾极尽赞美，叹曰："嘻，善哉！技盖至此乎？"泰德大有知音难觅、相见恨晚之意，眉开眼笑，为之四顾，为之踌躇满志，慨然而受之。

东海老野曰:"闻之:澳洲地广人稀,好山好水好寂寞。信夫!若无中有足乐者,岂可活得自在?故澳洲人多有爱好,以寄所托。又因其遇人甚少,大多待客热情,淳朴可爱。泰德即为一证也!"

新金山的淘金梦

大家可能听说美国有一个旧金山，其实澳大利亚墨尔本还有一个新金山。为什么起这样的名字？这里有金子吗？还真的让你说对了，1848 年美国圣弗朗西斯科发现了金矿，大批淘金者蜂拥而至，中国福建、广东人来做苦力，用中文命名为金山。1851 年，澳大利亚的墨尔本又发现金矿，又有一些东南沿海的华人去淘金，为区别这两个地方，美国的就叫旧金山，墨尔本的就叫新金山。只是新金山没能发展成大城市，随着岁月流逝，其中文名慢慢淡出了人们的记忆，还原了英语的名字——疏芬山金矿。

从墨尔本向西北行进一个多小时，越过一片旷无人烟的草地，进入了一个不起眼的小镇，这便是金矿旧址，现在已经开发成一个旅游小镇。走入小镇，一下子让人穿越到了 19 世纪中叶，道路、店铺、设备、人物以及服饰都似乎定格在那个时代。铁铺内琳琅满目的铁器、客栈上的拴马桩、马厩里的马槽、银行的旧式手摇计算器和西文打字机、饭馆的招牌、劳工住宅区简陋的帐篷，乃至于贴在墙上的"通缉令"，无不散发着维多利亚的时代特征。整个小镇几乎没有现代建筑，道路也还是泥土铺就的，陡峭而曲折。店铺中全套货真价实的古董，绝不夹杂现代的东西。马车载着客人缓缓走过，这些马训练有素、彬彬有礼、体格健壮，马蹄阔大，小腿上的鬃毛很长，像极了西部牛仔的喇叭裤，很是拉风，吸引了游客的目光。

进入矿区，巨大的蒸汽机拉动着笨重的木臂不停地摆动，那是抽水机正在工作，一条高架的传送带下堆着金字塔般的矿渣。令人惊奇的是，所有的动力都是实打实地用当年真正的蒸汽机拉动，巨大的炉灶、锅炉都用木柴作为燃料，据说，景点内单是用于驱动蒸汽机每天就得耗用 2 000 千克木柴。

　　开采金矿的疏芬山被人喻为"寡妇制造所"。淘金者抛家别妻，长期流落在异国，在劳累、饥饿、打骂、屈辱中生活，在异国他乡，思乡的泪夹杂着血汗日夜流淌。有几个人真正淘到金子而获得富贵？大量的人还不是劳累半生，辗转飘零一事无成？不少人无颜回家，客死异乡。在淘金博物馆的中国馆中，我看到了很多中国劳工留下来的遗物，有的是妻子精心刺绣的"平安""保重"字样，有的是妻子千里迢迢为寄托思念而寄来的小脚绣花鞋，更多的是一些为保亲人平安、驱邪镇魔的护身符……多少"寡妇"一辈子在无望的等待中寂寞而终！

　　疏芬山金矿主题公园的外面还有一座黄金博物馆，这座博物馆于 1978 年开放，馆内大约有 15 万件藏品，涵盖从采矿、军事历史、服装及摄影的各种藏品。在这里还收藏着南半球最大的天然金块，在博物馆的纪念品店里，游客还可以买到小的天然金块、金币和金饰品，以及各种有关淘金的纪念品。

结缘英国友校

不知不觉，结缘英国 Itchen the Sixth Form College 已经十年多了。

2009年年底，我忽然收到一封来自域外的邮件，问我愿不愿意赴英国参加交流活动。原来，英国人觉得21世纪中国会逐渐强大起来，他们的孩子以后会不可避免地同中国人打交道；而中国人的文化观念、思维方式与他们迥然不同；因此有必要让他们的孩子早一些同中国孩子交往，以了解中国孩子的所思所想。为此，他们组织了一个同题作文比赛，题目是"2030年中国的国际地位"，从中国选拔一部分学生，他们提供奖学金赴英国交流。当然，每个学校名额有限，我校只给6个；6人又分三个等次：一等奖一个，赴英费用全免；二等奖两个，在英国期间费用免除，机票自己负担；三等奖3个，每人补助400英镑，约合4 000元人民币。这是天上掉馅饼的好事，哪能不参加呢？当即同意。

2010年3月6日，该项活动的承办者 Itchen College 就派副校长兼国际部主任 Kamil Aliss 和该校驻香港办事处主任佘观尧先生来我校访问。我们对 Itchen College 有了进一步的了解。Itchen College 坐落于英国第三大港口城市——南安普敦市，是一所公立名校。英国公立学校（中小学）一般不接收外国学生，但政府指定了25所声誉较好的公立学校接收外国学生，Itchen College 即为其一。该校约有1 300名学生，这在英国属于规模很大的学校；其中100多个外国学生，分别来自法国、德国、西班牙、俄罗斯、巴西、日本、韩国，还有中东、非洲的，当然也有中国的，但主要是香港地区的人，大陆的较少。南安普敦位于英格兰南部，北距伦敦两个小时的车程，乘飞机到巴黎仅 40 分钟。

南安普敦开埠很早,在历史上是有名的港口。1620 年 8 月 5 日,著名的"五月花"号正是从这里出发,前往北美,奠定了现在美国的基础。1912 年泰坦尼克号邮轮也是从这里出发前往美国,但在北冰洋触碰冰山而沉没。南安普敦到现在仍是一个繁忙的大港。

Itchen College 积极招收国际学生,国际部的教师每年都要去欧洲、中亚、南美、亚洲招收学生;为加大对逐渐崛起的中国的招生力度,又专门在香港设立办事处,佘观尧即是专职人员。

Kamil 来我校参观后,对我校的办学层次、规模、学生质量很是满意,双方签署了友好合作协议,商定了作文比赛、学生选拔的具体事宜,约定我校师生于 2010 年 5 月 1—10 日访问英国。宾主尽欢而散。

前往英国

自3月6日与Kamil、佘先生见面，到约定的5月1日前往英国，也就54天，要选拔学生、办签证、换外汇、买机票，事情多、任务重、时间紧。我加班加点地筹备赴英工作。

各种琐碎的工作不再细说，这里仅谈谈航空公司的选择。因为"五一"期间是个小长假，而且这个季节春暖花开，很多中国人选择出国旅游，所以机票很贵。而我们在签证没通过以前，又不能购买机票——谁敢保证签证一定会通过呢。虽然紧赶慢赶，还是在4月16日才获悉签证成功。这时，英国航空和中国国际航空北京飞伦敦的直飞价格均已超过10 000元，我就考虑转机，这样价格低一些。从网上查来查去，发达国家的航空公司如法国航空、德国航空、瑞士航空、荷兰航空、奥地利航空价格也比较高，便宜的就是北非、中东的公司如科威特、埃及、卡塔尔、阿联酋的航空公司等。但是，低价位票数量较少，不一定能买上所有人的票。几经周折，最后订购的是阿联酋的阿提哈德航空公司。

阿联酋由迪拜等7个酋长国构成，故名阿拉伯联合酋长国，首都在阿布扎比。阿联酋拥有阿联酋航空、阿提哈德航空等公司，拥有当时世界上最先进的空客A380等机型。但是往返北京的也就是空客A320或者A322，飞机也很大，能容纳256人开外。

北京往返阿布扎比的航班不是每日都有，我们预定在英国是1至8号，但8号没有返程票，只能9号回来。这样，需要在英国多待一天。

我们于2010年4月30日上午7:20从汽车东站、8:00从日照汽车总站出发，坐日照到北京的长途客车。到北京丽泽汽车站约下午 6 点，然后到北京火车站转乘坐机场大巴到首都国际机场。

航班 EY889 于半夜 1：30 起飞，设施和服务都令人满意。到了阿布扎比，一下飞机，热浪扑面而来，这热带沙漠气候确实不一般。急忙跑到候机室，里面的装饰颇具阿拉伯风情，有骆驼、阿拉伯水烟等木制造型模型。逛了逛免税店，发现有几个中国的姑娘在这里售货，问询后才知道，她们是青岛外贸职业学院毕业的。原来阿联酋是中国人前往非洲、欧洲的中转站，中国旅客特别多，所以免税店专门招收了中国员工。

下一程的航班是 EY19，我们飞过了伊朗、黑海，避开了巴尔干半岛，行经布达佩斯、法兰克福、布鲁塞尔、多佛海峡。在飞机上，我还细致地观察了地球上黑夜与白昼的切换，观察了降落伦敦的地面变化。当地时间 5 月 1 日 13：15 顺利到达伦敦希斯罗国际机场。

英国学制

我们的友好学校 Itchen College(伊钦学院)虽冠名为 College,但与中国的高中更为类似。英语 College 译成中文为学院,我们通常理解为中国的专科学校,其实这是误解。因为英国学制与中国有所不同。

英国孩子一般是5周岁入小学,学制6年;11岁上中学,3年后,学习2年的 GCSE 课程,学制5年。中学结束后(16岁),要参加 General Certificate of Secondary Education(普通中等教育证书)考试;如果选择职业院校,就学习 BTEC 课程;BTEC 全称 Business & Technology Education Council,英国商业与技术教育委员会的简称,开设应用科学、工程、美容美发、旅游酒店、计算机、艺术设计等多种应用学科。如果想升入大学,则必须学习 A-level 或者 IB 课程。A-Level,全称 General Certificate Of Education Advanced Level(普通教育高级证书),相当于中国的高考,是英国学生进入大学前的主要测试课程。A-Level 证书由 CIE(剑桥大学国际考试委员会)颁发,是英国的金牌课程。学生凭 A-Level 成绩可申报世界上绝大多数名牌大学。IB,全称 International Baccalaureate(国际预科证书课程),是国际文凭组织 IBO(International Baccalaureate Organization)为全球学生开设的课程;IBO 总部设在瑞士日内瓦,课程与考试中心在英国卡迪夫。二者比较,A-level 更基于学生的兴趣,强调的是课程深度;IB 培养的是全才型的学生,更强调学科的广度。

与中国学制比较,英国学生上完五年中学,相当于中国的高二,再学习两年的 A-level 课程,相当于中国的高三和大一。但英国大学学制三年,中国大学学制四年,学生大学毕业的年龄是一样的,通常是22岁。

学生报考大学时，要考虑职业和发展方向，但对于十七八岁的学生来说，做这样的选择是很难的，因为自己可能还没有一个清晰的规划。但是，十五六岁的学生却清楚自己喜欢什么课程。A-level 提供了非常丰富的课程，涵盖了文学、商科、经济、语言、数学、理科、计算、法律、媒体、音乐等领域，学生有充分的选择余地。在 A-level 阶段，只需选择自己喜欢的三四门课程就行了，将来依据选的课程来报考相应的专业，一般就是自己喜欢的专业。所以 A-level 课程又被称作桥梁课程，它能较好地帮助学生选择适合自己的学习领域。

　　英国的体制得到了国际上的广泛认可，许多国家和地区也采用这一体制。

Itchen College 一瞥

　　Itchen College 位于南安普敦市南郊伊钦河畔,故以此得名。学校坐落在一片住宅区内,周围全是二层的别墅,就像电影《哈利·波特》中英国小镇的样子。

　　校园不大,目测有 70 亩左右,校园呈三角形,角指向南方,底在北边。底的位置有一排半二层楼房。前面一排楼是几幢楼接起来的,东西很长,加上最西头的体育馆,与三角形的底同宽,后面的楼只占据了东侧,西侧是一个停车场,前后楼之间,在东边用一幢南北方向的楼相接。也就是说,无论从哪个门进楼,不用再出楼门,就可以把所有的楼走遍。

　　前楼的一楼基本是各类办公室、实验室、餐厅等,二楼是教室,后楼两层全是教室,东侧连接处的楼则是图书馆和阅览室。教室是分学科设置的,好比说数学教室、地理教室,教师办公上课全在这里,学生则是选哪门课就上哪科教室。各科教室布置得颇具学科特色,墙上的挂图、教具、学生用品都是本学科特有的,实验室和专业教室更是如此。

　　两幢楼的前面是绿茵茵的草坪和一个足球场。整个校园用半人高的铁栏杆圈起来,与外界基本处于开放状态。

　　Itchen College 提供两年的 A-level 课程,学生大多在 16~18 岁。学校实施选课走班制,每人一个课表,每节课的同学都不一样。所以他们根本没有班集体这一概念,也不会以班为单位搞什么活动。他们使用的是另一种管理系统,教师谁上课谁负责考勤,学生用社团组织活动。没有课的学生怎么办?很简单,去图书馆或者阅览室。需要说明的是,馆里面有纸质书,也可上网浏览，电脑连接打印机，师生都可以免费打印材料。

Itchen College 教学质量较高，几乎每年都有学生考取牛津大学、剑桥大学。这些名校面向全世界招生，英国本土的学生也不容易考上。Itchen College 90%以上的学生是本地人，这为国际学生提供了非常好的语言环境。因为其他面向中国招生的私立学校，几乎一半以上的学生是中国人，平时几乎不用说英语。

Itchen College 和我们建立了友好学校之后，后来我送去的学生享受当地学生学费待遇，每年约 7 000 英镑，比私立学校便宜一万多英镑；国际学生全部安排在寄宿家庭，能全方位地体验英式生活、英式文化。Itchen College 又是政府授权的可以接受外国学生的少数公立学院之一，具有非常丰富的接收、管理、指导国际学生的经验。所以，有留学英国意向的家长们获悉这一信息后，都认为是很好的机会。我们访英当年（2010 年），就有一名学生去留学，直到 2017 年我不再从事这项工作前，每年都至少有一名学生前往 Itchen College 留学。这些人中，有 1 人考取牛津大学，1 人考取伦敦政治经济学院，2 人考取伦敦大学学院，其他的分别去了杜伦大学、曼彻斯特大学、朴次茅斯大学、温彻斯特大学、悉尼科技大学，取得了令人自豪的成绩。

一节音乐创作课

Itchen College 发给我们课程表，让我们随意选择喜欢上的课。我选了一节相对容易听懂的课——音乐课。

找到音乐教室，只有一个老师和三个学生。教师留着长发，梳着辫子，颇有艺术气质。我向他说明了情况，他表示欢迎，让我随意坐。

快上课了，却依旧没有其他学生过来。我打量教室，门口处散乱地竖着一些吉他类乐器、谱架，书架上摆放着音乐书籍，墙上贴满了各种图表——音乐家、歌曲、课程介绍、课程表等。沿着墙壁四周是十多个电脑桌，桌上摆放着苹果牌的显示器，屏幕下方摆着两个键盘，一个类似钢琴的键盘，另一个就是普通的计算机操作键盘。教室中央是一个投影设备。这是一节音乐创作课。教师提供给学生一首小诗，我犹记得题目是《Why a song stopped a war?》，要求学生谱上曲子。电脑有谱曲系统，有多种风格，如交响乐式、乡村音乐式、摇滚乐式等，学生选择一个风格，就开始谱曲。他们在键盘上敲击，屏幕上就出现了相应的音符。学生一边试音，一边斟酌、修改，完全沉浸其中。教师也不去管他们，自己在自己的电脑上忙自己的事情。

Itchen College 一节课 40 分钟，但有些课可以连堂上，中间不留休息时间。这节课一下子上了 80 分钟。在大约 65 分钟时，教师要求学生展示自己作品，学生就依次在投影上投出音符，并播放出声音，然后介绍自己的创作想法，然后教师和其他同学点评。一节课就这样完成了。

课后，我问老师这节课学生怎么那么少。他说，本来就 3 人选修这门课。我奇怪的是，一个学期配一位教师专门为这三个学生开课，值得做吗？他说，要尊重学生兴趣。学校本学期共开设 50 多门课，已经提前向学生公布了，只要有学生选，哪怕只有一个人，学校也会开设。

这节课让我沉思良久。

牛津大学

走进牛津大学时,感觉它的外表与它的名气很不相称。

作为世界排名数一数二的大学,学校竟然没有一个巍峨壮观的大门,让游客打卡都找不到坐标式的地方。38个学院散落在牛津市的各个地方,城市就是大学,大学就是城市。

牛津市没有高层建筑,城市里布满了修道院式建筑,因为那时学术是教会的权力。庭院里多塔状建筑,故又得名"塔城"。整个城市古老、陈旧,似乎让你觉得走入了中世纪。狭仄的街道有好多还是石板路、石子路。

大学的钱花哪去了呢?答曰,建了博物馆、图书馆,资助了学生。

在牛津,博物馆是重要的文化代表。阿什莫尔博物馆(Ashmolean Museum)建于1683年,是英国第一座博物馆,比大英博物馆(British Museum)早70年,现为英国第二大博物馆。还有牛津故事博物馆、科学史博物馆、庇特河流人种史博物馆、现代艺术博物馆、大学自然历史博物馆等。

牛津大学共有104个图书馆。其中最大的博德利图书馆是英国第二大图书馆(仅次于大不列颠图书馆),于1602年开放,比大英博物馆的图书馆早150年,拥有巨大的地下藏书库。根据1611年英国书业公所的决定,英国任何一家出版社的图书都必须免费提供一册给牛津大学和剑桥大学的图书馆,至今如此。

牛津大学花费很高,一年大约25万~35万人民币。但是,你不用担心。地球人都知道,对于渴望读牛津大学的人来说,你缺的不是钱,而是能力。只要考上了,保证让你衣食无忧完成学业。

如果你能考上牛津大学，课业压力是很大的。牛津大学教学的最大特点是"导师制"。学生每周与导师见一次面，将自己一周内研究和撰写的论文向导师宣读。导师要评论、要提问，如果论文质量不行，答辩不好，要影响成绩、影响毕业。一周一次，周复一周。此外，还有许多讲座。每个讲座不论是导师还是学生，不论是高年级还是低年级，都可以自由发言，平等讨论，但在议论之后，还是要交作业的。

如果你想进入牛津大学，成绩优异是远远不够的，还有三天的面试等着你。你的个性、特长、气质、知识、能力、素养、人生追求都关乎你录取与否。每个学院都要找合适的人，找"确认过眼神"的人。看过《哈利·波特》吗？那里面有一个分院帽，把你分到适合你的学院，为啥罗琳有这么个构想，肯定在现实生活中有这样的土壤。

牛津大学古老又充满活力。

古老是显而易见的，毕竟成立于1167年，近一千年过去了。街道狭窄，石板铺路，楼房灰暗，古朴沧桑。建造于不同时期的楼房，哥特式、巴洛克式甚至罗马式（穹顶）的建筑物各据地势，冷眼旁观世事变迁。主街上的钟楼剥蚀严重，但它依旧在那里忠实地发挥作用。

古旧的建筑物周围，却是绿茵茵的草地、盛开的鲜花，这种搭配越发让人感觉到生命的活力。某学院的楼房围成正方形，自成一体，中间的庭院铺满了茂密的青草，草地的四周培植了一丛丛淡黄色的花朵。更多的学院则是常见的主楼加砖墙格式，草地上也精心设计了花坛。有的楼房用藤蔓修饰自己，用灵动冲淡古板。阿什莫林博物馆门前，黑色的郁金香开得很是繁盛，宣示了自己在众花面前的独特地位。

牛津的活力还来自清澈的河水。泰晤士河和柴威尔河在此会合，当时河水不深，用牛拉车即可涉水而过，牛津由此得名。现在两条河依然静默流淌，牛们还在河对岸吃草，至于能不能过河到城里来就不得而知了。河水澄清饱满，几乎与河岸齐平，水鸟在水面嬉戏，小船悠然漂浮，任意东西，船上的乘客是在探讨学术问题吧。

牛津大学的古老与活力不仅表现在客观的环境，更多地表现在人的身上。牛津大学有很多古老的传统，一直延续到现在，例如考试。牛津大学的本科生大多数理科一年一考，文科第一年考一次，毕业的时候考一次。听起来很让人高兴，但是别天真，每天过得比备战高考还要辛苦。考试是很正式的，要统一着装，女生白衬衫、黑裙子、黑丝袜、黑鞋子，外面套一个长袍；男生白衬衫、黑裤子、领结、黑皮鞋再加一个长袍——就是哈利·波特魔法师一样前卫的黑袍子！另外还必须在胸前别上康乃馨，第一场考试用白的，最后一场考试用红的，中间的考试都是粉色的。注意：康乃馨必须别人送。

人的活力表现在哪里呢？青年人，满城都是青年学生啊，意气风发，挥斥方遒。全世界够聪明的人聚在一起，哪里会没有活力？

温彻斯特

五月的温彻斯特沉浸在春的欢乐中。

车刚刚驶入城区,就见道路隔离带中娇黄、淡紫的小花,挨挨挤挤,雀跃着欢迎我们。树木呈现出生机勃勃的翠绿色,绿得可爱,绿得动人。

民居的窗户造型各异,却喜欢涂成纯洁的白色。门柱窗柱上挂着花篮,各色鲜花或娇羞或沉静或热烈地绽放着自我。沉寂的屋瓦不甘寂寞,布满了绿色的青苔,秀出自己的春天。

下了车,街心公园早已盛装打扮。绿茵茵的草地上,围出了几个黄色、红色的花坛;圆形的花坛唯我独尊,长方的花坛拉来小树助阵。阿尔弗雷德大帝铜像矗立在半空,他手举宝剑,手握盾牌,站在静静地俯视着温彻斯特。

温彻斯特是1 000多年前西塞克斯王国的都城,阿尔弗雷德则是西塞克斯的国王。九世纪末叶,维京丹麦人大肆进攻英格兰,盎格鲁-撒克逊人建立的几个王国几乎被消灭殆尽,阿尔弗雷德即位后,经过近二十年的艰苦卓绝的斗争,终于战胜了丹麦人,收复了失地。899年,他的儿子爱德华,建立起了历史上第一个统一的英格兰王国。

作为西塞克斯和英格兰王国的古都,温彻斯特留下了很多历史遗迹。温彻斯特大教堂(Winchester Cathedral)是英格兰最大的教堂之一,拥有全欧洲最长中殿,长约160米,是历代英格兰国王加冕的权威教堂。温彻斯特大教堂的独特之处不只在于重要的历史地位,更在于它匠心独运的建筑结构,这个哥特垂直式教堂具有早期诺曼式风格,这种建筑风格的"混搭"在英国各教堂中甚为罕见。

温彻斯特城堡还有一部分旧址，例如大殿（The Great Hall），大殿上黑白相间的圆形桌子据说和亚瑟王的圆桌骑士（The Round Table of King Arthur）有关，这张圆桌的存在让人们感受到那个久远时代的气息。

在古色古香的学院街（College Street）上，坐落着英国著名小说家简·奥斯汀的故居。简·奥斯汀因肺结核死在这里，年仅42岁。穿过简的故居，就是著名的私立温彻斯特学院（Winchester College），学院管理严格、师资优良，以培养神职人员而闻名，据说享誉全球的伊顿公学就是参考这所学院建立的。

位于城市主轴线的尽头，有一个罗马时代的遗址，是古城堡的西门，现被改造成一个小型博物馆（West Gate Museum）。登到博物馆的顶楼可以看到温彻斯特最好的景色。

白金汉宫卫兵换岗仪式

白金汉宫是英国女王在伦敦办公和居住的地方、王室的行政总部，也是当今世界上少数仍在使用的皇家宫殿之一。白金汉宫的卫兵换岗仪式和中国天安门升旗仪式一样，很受游客追捧。但白金汉宫前面的广场不大，容纳不了太多的观众，所以每次都是人山人海，拥挤得不行。我看旁边有一堵镂空的砖墙，正犹豫着上去是否合适，却发现有人捷足先登，就放心大胆地爬上去了，视野很是开阔。

卫兵换岗大约在11：30—12：00，警察早就拉上了警戒线，禁止行人、游客进入其内。11：15，卫兵就从惠灵顿军营向白金汉宫进发。先是一个骑警在前面清场，他骑的马通体黑色，唯独马蹄是白色的。队伍旁边有其他骑警护卫，他们骑的马有纯白色的、纯黑色的、枣红色的，也有灰底白斑点的，这些马不甚高大，但都非常健壮，蹄子特别粗大，走起来非常稳当。马背上披着淡黄色的布，看起来很醒目。

第一队卫兵过来了，首先是军乐队。他们头戴银色头盔，装饰着金色花纹。头盔上有一根高高挑起的杆子，杆子顶端匝着一束淡黄色的缨穗，披散下来盖住了头盔，随着卫兵走动，缨穗随风飘舞。卫兵身穿绛红色制服，腰束宽大的白色腰带，脚蹬皮鞋。鼓乐队的指挥走在最前面，带着白色长袖手套，左手持剑，右手随走路摆与肩平。军乐队里大号、长号、圆号、小号、长笛、大鼓、小鼓一应俱全。军乐队后面是卫兵，他们头戴黑色贝雷帽，帽上有上红下白的小穗子，身穿黑色制服，腰上也是束着白色腰带，整套服装颜色对比鲜明。卫兵肩扛长枪，走得轩昂有力。

白金汉宫卫兵换岗仪式

第二队过来，同样先是军乐队后是卫兵，但服饰全变了。他们全部头戴黑色熊皮帽，帽子很高，上面的熊毛很长，我很疑心帽子能否戴得牢靠。身上穿的也是绛红色的制服，腰束白色腰带。军乐队员手在乐器上，无法挥动；卫兵们则是左手扛枪，右手前后摆动，挥与肩平，一队队顺次走过。最后仍是一个骑警在护卫。

卫兵们一直走进白金汉宫旁边的侧门，要在里面的广场上完成交接仪式。随后，下班的卫兵陆续走出来，他们可以休息啦。

小城巴斯

列车在英格兰西南部的原野上奔驰,我要到巴斯去。

巴斯是英国最富有特色的古城之一,被列入世界文化遗产名录,有 4 900 座建筑物被列为保护对象,有 6 个地段被划为考古遗址。巴斯"Bath"在英语中是"洗澡"之意,为啥要取一个这样直白、毫无诗意的名字呢?还真是因为"洗澡"。古罗马时代,浴室是人们重要的社交场所,许多商业交易都在澡堂中进行决定,一些哲学家在这里高谈阔论交换意见。公元一世纪,入侵英国的罗马人看中了这里美丽宜人的温泉,修建了许多带有桑拿及泳池的大型奢华浴室,就此取名 Bath,巴斯也成为举世闻名的温泉度假胜地。

巴斯确实小,步出巴斯火车站,很容易到达各个景点。小城安卧在一片山谷中,埃文河(River Avon)穿城而过,低矮的楼房顺着平缓的山势依次变高,楼房不高,大多三四层,全部漆成淡黄色,楼顶却是灰色的。只有教堂的尖顶直刺天空,全城各处几乎抬头可见。

全城绿意盎然,花篮、花坛随处可见。普尔特尼桥(Pulteney Bridge)设计得非常别致,据说采用了佛罗伦萨的设计风格。桥的上面是长廊,长廊里有一些别具特色的小店。我们在早餐店点了英式早餐、一壶茶、一杯卡布奇诺咖啡,边用餐边欣赏桥下的风景。河道上用石头砌了三层椭圆形的台阶,水从上面流下,就形成了三层水瀑,洁白的水花漂浮在水面上,倒映着绿草蓝天,甚是好看。

露天浴池是古罗马遗物,位于博物馆中心,1870 年代才被发现,大浴池池边的阶梯、石头基座都是罗马时代的遗迹,池水温度保持在 46.5 摄氏度左右，浴场上方有 12 位罗马帝王和统治者的维多利亚式雕像。他们每一个人都对英格兰的历史产生过重大影响，比如恺撒、屋大维和克劳迪厄斯。从建筑模型看，除了浴池外，还有神殿遗迹、密涅瓦女神像、许愿池和各种礼器文物，房间众多，功能齐全。

皇家新月楼是巴斯最为气势恢宏的大型古建筑群，采用意大利式风格，由连为一体的 30 幢楼组成，道路与房屋都排列成新月弧形，优美的曲线令人陶醉，尽显高雅贵族之风范，被誉为英国最高贵的街道。青青的绿草铺在中间的圆地上，似乎没有一丝杂尘。明媚的阳光下，人们躺卧在草地上，尽享自由自在的时光。

巴斯吸引人的地方还有好多，例如时装博物馆(Fashion Museum)，这是世界上最大的服饰藏品博物馆之一，展示从 16 世纪 80 年代直至现代的近 10 万件各式服装和首饰；例如简·奥斯汀纪念馆，她在这里度过了大半生，并在这里写了《傲慢与偏见》等著作。惜乎行色匆匆，未能细细观瞻。真希望有朝一日再来一游。

英格兰野外漫步

2017年7月25日，Dyral带我们出去看英格兰田野风光，行程这样安排：先开车去一个古老的火车站，乘坐火车，参观一个古老的废弃的庄园，步行返回火车站。

这列火车是专门怀古的，展示了十九世纪维多利亚时代的风貌，牵引机车是蒸汽机，烧的是煤炭，工人们需要不断地用铁锹加煤。火车机车喷着蒸汽，拉着长笛，气喘嘘嘘向前爬行，速度并不快。车厢里面是木质的厢体和椅子，车座覆着灰色的沙发布。古朴的车站安然卧在一片树林中，静数流逝的岁月。

下了火车，走不远就是一个废墟，具体说是一所修道院，名字叫作Waverley Abbey，这是英格兰地区第一所西多会修道院。西多会Cistercians是天主教隐修院修会之一，主张全守严规，强调安贫、简朴及隐居生活。英国著名的小说家和诗人华特·司各特(Walter Scott 1771—1832年)从这所修道院得到灵感，创作了第一部小说《威弗莱》(Waverley)，受到热烈欢迎，以后司各特用威弗莱为笔名发表了许多部历史小说，被尊为"历史小说之父"。废墟内荒草丛生，石头垒砌的断壁残垣还可以看出当初的轩昂壮观。

然后，我们去国家健身步道。健身步道是国家划定的方便行人步行锻炼的一条路，我们走的这一段不是很长，大约五六千米。道路很窄，不可能跑汽车，所以非常安全，路面是沙土的，很适合人们步行。这条路一直沿着小河蜿蜒伸展，隔一段距离会有厕所、咖啡馆等便民设施。走在路上，一边是清澈的小河，河水饱满，汤汤流淌，时有大鱼身影出没；河的另一边，或者是牧场，牛羊自在徜徉，或者是金黄的麦地，袒露着收割后的麦秸。空气非常清冽湿润，带着淡淡的草香。路边的小咖啡馆别具特色，镶嵌在这乡下的路边，与周围环境浑然一体，很是般配。

  不知不觉，已经回到了校车旁，大家意犹未尽，真想再走一段。

剑河上的桥

剑河穿城而过，剑桥大学的各个学院沿着剑河两岸排开，自然就有了许多各具特色的桥。

自银街桥下坐上小船，往北荡去。第一座桥是数学桥，由一些木头拼插而成，看起来蕴含着数学或力学的道理，但我不懂啊。据说这是牛顿设计的，没用一根钉子，真假存疑。

第二座桥是国王桥，一座简约的单孔桥。撑船的英国小伙笑嘻嘻地说："志摩桥。"徐志摩当年确实在国王学院做旁听生，但他赞叹过的桥是不是这一座，却很难说。盖因中国游客来的太多，反复追寻，才有此一说。据说桥的西头有一块从北京运来的汉白玉石，刻着徐志摩的诗句。桥的东岸，就是建筑最霸气的国王学院。学院建成于1441年，哥特式的礼拜堂气势恢宏，双子尖塔直冲云霄，已成为剑桥城的标志。

第三座桥是克莱尔桥，一座装饰华丽的三孔石桥。该桥建于1639年，是剑河上现存的最古老的桥。克莱尔学院是剑桥大学第二古老的学院，对学生的音乐素养要求很高，几乎每位学生都会演奏一种以上的乐器。

第四座桥是青年旅舍桥，一座跨度24米的单拱桥，桥身轻盈。值得观看的是桥边有一棵身姿婆娑的柳树，据说就是徐志摩笔下的"河畔的金柳"。

第五座桥是三一桥，东岸即是大名鼎鼎的三一学院（Trinity college），几乎是最难考的学院，其学术成就、经济实力在剑桥大学中首屈一指。牛顿、培根、拜伦和包括查尔斯王子在内的多位王室贵族及6位英国首相、32位诺贝尔奖得主均在此求过学，其影响力可见一斑。

第七座桥是叹息桥，一座浅黄色的廊桥。分上、中、下三层，下层是半个椭圆形的桥孔，横跨在剑河上；中间是一条通道，即长廊；上层是平顶，顶面的两边均衡地耸立着相互对称的塔尖状装饰。叹息桥名气最大，不仅因为其独特的造型，也因为其名字的来源。据说是学生通过这桥走向考场时，就叹息后悔，这个说法流传很广，以至于圣·约翰学院特地声明，没有给学生带来任何的折磨或处罚！实际这座桥外形因酷似威尼斯叹息桥而得名。

第六座是厨房桥，第八座是麦格达伦桥，不再赘述。

剑桥的绿意

一到剑桥城，我就沉醉于那奇异的绿了。

剑桥似乎没有裸露的地面，除了布满岁月沧桑的古建筑，就是绿茵茵的草地。那草，绿得自在，绿得坦荡，绿得繁盛，绿得溢满活力。有的草地是绿茸茸的毛毯，不掺一丝杂色；有的则是一副清新的水彩画，翠绿的背景上点缀着小花。

绿树也是剑桥的主人，稚气的小树茁壮成长，摇曳一身嫩绿；历经风雨的大树同样意气风发，飘散着浓密的绿条；柳树临水梳发，百看不厌；橡树一身正气，挺拔高举。有的树围成一圈，为绿草划出了温馨的空间，树和草占据了不同的空间，相依相存、共荣共生，竞相展示生命的活力。

满是绿色的还有水，怎么能没有水呢？水是城市的眼睛。剑河（康河）穿城而过，剑桥大学的各个学院在两岸依次排开。那水是有灵性的，水体饱满清澈，与两岸齐平，脉脉流过。水底的青草伸着长长的叶子，随水飘荡。

剑桥的船是平底的，轻便、狭长。徐志摩说："撑一支长篙，向青草更青处漫溯。"现在撑船仍用长篙。其实，不管你是漫溯还是顺流而下，都是满眼的青翠，都可谓"青草更青处"了。在蓝天白云的映衬下，在河中的小船上轻轻游荡，视线所及，满是生命的绿色，吸一口清冽的空气，满是青草的清香。此情此景，让人顿生"人生如此，夫复何求"之感。

露易丝的私人宴请

一般而言，西方人公和私分得很清楚。工作上的事情，一般不会掺到个人的生活中去。就拿校际交流来说，外国校方会接待一两次——接风、送行，其余时间不会再管你，你自去你的寄宿家庭就行了。但是，这里面也有例外，如果你和他成了朋友，他中间也会请你单独吃饭的。露易丝的私人宴请就是这种情况。

露易丝自 2012 年至 2018 年，每年一定来日照一趟，每次都是我接待。工作之余，我也带她出去转一转，如莒县的浮来山、博物馆，也介绍她去其他学校访问，如五莲中学、诸城繁华中学、莒县文心高中等。我还带她去我的亲戚朋友家吃饭，体验中国的家庭生活。她很清楚地知道，有很多事就是我个人替她张罗的，以致在中国期间，吃饭有时她还抢着付账。所以，我到了英国以后，她就发出邀请。因为我们早晚在寄宿家庭，中午在学校食堂，她就安排在中午。

她领着我们去坐她的小汽车，车真是小，进后排座就需要把驾驶座向前推，否则进不去。车座上乱七八糟地堆放着物品。露易丝不好意思地胡乱收了一下，很抱歉地说，早晨送两个孩子上学，兄妹俩在车里打闹，搞成这样。——其实，露易丝本身就是个豪爽或者说不拘小节的人，我想车里乱不能怪罪到孩子身上。

露易丝带我们到了海边一个很有特色的餐馆。餐馆面向大海，海面上停泊着大片帆船，海鸥自在地飞翔其中。餐馆的外观很有些沧桑，屋瓦上生长了一层绿色的青苔。餐馆的名字叫作"The Jolly Sailor"（高兴的水平），室内摆放着一些船上的用具，一看就是十九世纪远洋航船的风格。那么这是做海鲜的啰，的确如此。

这顿饭，其实挺贵。以前 Kamil 就告诉我，英国四面环海，不缺鱼，缺打鱼的人。打鱼是个很辛苦的活，干的人少，所以鱼的价格就高。

我们选择在屋外就餐，桌椅都是藤制的，上面撑着个太阳伞。我们点了烤鱼、海鲜沙拉、薯条等，配着白葡萄酒，一边吃饭一边闲聊。露易丝很苦恼地说，两个孩子天天打架，怎么办呢？小的时候相处得很好的，怎么越大越抢东西。她的孩子，男孩 11 岁，女孩 9 岁。我说，这么个年龄阶段就是这样，你不用多管他们，原则性的问题说说就行了，她只是苦笑。

吃完饭，送我们回校，露易丝又拿出了一个印有英国女王头像的丝巾，说是送给我爱人的，托我转交。

我离开英国的第二年，就是 2018 年，露易丝辞去了这个工作，从此就没再见面。

伦敦塔

除了伦敦塔外,我从没听说过其他建筑物有那么多功能:抵御敌人的堡垒、国王居住的宫殿、关押重要囚犯的监狱、铸币厂、天文台、军械库、刑场,甚至还豢养着狮、豹、熊和狼等猛兽。

伦敦塔坐落于泰晤士河北岸,是一组以白塔为中心的建筑群,据说是征服者威廉下令建造的。位于法国的诺曼底公爵威廉跨海而来,征服了英格兰,1066年圣诞节在威斯敏斯特教堂加冕成为英国国王。为了监视或防范当地人,威廉建造了几个堡垒,伦敦塔就是其中之一,塔的位置就在泰晤士河边原罗马要塞的遗址上。1078年,开始修建诺曼底式的塔楼,由于其墙体用乳白色的石头建造,所以被人们称为白塔。塔高32米,共有三层,顶部的四个角耸立着四个高塔,其中三个塔是四方形,一个塔呈圆形。白塔内的圣约翰教堂是伦敦现存的最古老的教堂。

十二至十三世纪,围绕白塔又不断进行扩建,最终建成内外两层城墙、多座防御性建筑。内城墙有13座塔,以维克非塔、血塔、比彻姆塔最为著名。外城墙有中塔、井塔、圣托马斯塔等6座塔和2座堡楼,大多数呈圆筒形。最外层有护城壕。

伦敦塔已辟为博物馆,最为吸引人的,是处于白塔北侧的皇家珍宝馆。该馆于1994年落成,伊丽莎白二世亲自为开馆典礼剪彩。馆里保存着各个王朝、历代国王的标志图案,象征着英国王室权力和富贵的珍宝,如权杖、王冠,都装在厚厚的防弹玻璃柜子里。其中有些可以说是稀世珍宝,如1838年为维多利亚女王制作的"帝国王冠",上面镶有3 000多颗宝石,还有一支国王的权杖，嵌有一颗1905年在南非发现的、重达530克拉的大钻石，据说这是世界上加工制作的最大的钻石。为了凸显珍宝的光芒，珍宝室内光线暗淡，神秘而朦胧。

可以想见的是，在漫长的岁月里，在专权的王室中，肯定充满了血腥与暴力、阴谋与杀戮。亨利八世，英国都铎王朝的第二代国王，继位的第二天便将亨利七世的两位税收官关进了伦敦塔，此后又把英国空想社会主义者、《乌托邦》的作者托马斯·莫尔囚禁在伦敦塔内，最终把他送上了断头台。亨利八世想和王后凯瑟琳离婚，但当时国王离婚必须经过教皇的许可，罗马教皇说什么也不同意，几名英国教士也对他的离婚坚决抵制，结果教士们都被关进伦敦塔，随后被处决了。亨利八世终于再婚，新王后安妮生了一个女儿，亨利八世看到是个女孩，深感失望。后来，亨利八世以通奸和乱伦罪名判处安妮死刑。不少人认为安妮是冤枉的，后来便有了安妮幽灵的传说。据说安妮的阴魂经常在伦敦塔里的草坪上出现，嘴里念念有词，似乎在诉说她的冤情。似乎能够给她安慰的是，安妮留下的3岁女儿伊丽莎白日后成了英格兰最伟大的君主之一——伊丽莎白一世，统治英国长达45年。

还有个很流行的传说是关于爱德华五世的。在他父亲爱德华四世病逝时，这位英格兰王子只有12岁，根据国王的遗嘱，由他的叔父摄政。没想到爱德华五世和他的弟弟在伦敦塔中不明不白地消失了，他的叔父"只好"继承王位。据卫兵说，每当月圆之夜，夜半时分，经常看到两个小孩手挽手在塔内走动。果然在1674年，伦敦塔中发现了两具小孩的尸骨，有人认为这就是爱德华和他年幼的弟弟，称他们为"宝塔内的王子"。

伦敦塔在1988年入选《世界遗产名录》。世界遗产委员会评价说："具有罗马人建筑风格特点的白塔，是影响整个英国建筑风格伦敦塔的巨大建筑物。伦敦塔是威廉沿泰晤士河建造的，目的是为了保护伦敦，并宣称此地是他的领土。伦敦塔是围绕白塔建造的一个十分有历史意义的城堡，也是王室权力的象征。"

伦敦塔桥

伦敦塔桥，顾名思义，就是伦敦塔旁边的一座桥。

伦敦塔最初是罗马人修建的一座堡垒，位于泰晤士河河口；可以想见，伦敦塔桥是从泰晤士河口算起的第一座桥，素有伦敦正门之称，也是伦敦的象征。

伦敦塔桥建筑历史非常久远，现在我们看到的是1886年建造的。桥的两端是两座石塔，方正厚重、雄伟壮观。石塔为五层，是花岗岩和钢铁结构，上面建有白色大理石屋顶和五个小尖塔，远看仿佛两顶王冠。高塔上端连接起来，形成一个空中走廊，两边装有玻璃窗，无论晴阴雨雪，游人可以惬意往返，饱览泰晤士河上下游十里的风光。里面还设有商店、酒吧，行人可以购物聊天。高塔下层则是常见的桥的样子，可以通行车辆行人。但与我们常见的桥不同的是，伦敦塔桥的下层还可以开合。

原来，泰晤士河作为繁忙的航运水道，往来船只很多。如果按正常桥面设计，就会阻挡住万吨货船往返。如何处理这个问题呢？伦敦市自1876年就成立了一个特别委员会，广泛征求意见，并组织了设计方案比赛，共有50多个方案参选。经过长期审慎的评议，琼斯爵士（Horace Jones）提交的设计方案获得通过。1886年伦敦塔桥开建，历经8年，共使用了7万吨水泥和1.1万吨钢铁。但琼斯于1887年逝世，后来的总工程师约翰·沃尔夫改变了琼斯的中世纪式的表面装潢，使用了维多利亚时代的新哥特式的装饰，建成了现在的样子。

伦敦塔桥可以同时满足航运和路面交通两方面的需要。桥两端的石塔，其内部结构主要是钢铁的，里面装有拉升和降落桥面的水力机械。桥面不是一个整体，而是两半合成的，每半个桥面重量都在 1 000 吨以上，每当巨轮鸣笛致意后，上升器械就会拉动桥面上升，使得巨轮顺利通过。巨轮过后，桥面就恢复到水平状态，车辆行人又可以通行。

刚刚看到的消息，据英国《卫报》报道，2021 年 8 月 9 日，为了让一艘大型木质高船通过，塔桥在 9 日下午打开，但是在下午 3 时左右因技术故障而卡在升高的位置，随后该区域禁止车辆和行人通过，桥两侧已经排起了长长的车流。伦敦交通局表示，这个问题导致了持续几个小时的严重交通问题，直到晚上 9 点才基本解决。这不是该桥第一次出现故障，2005 年，塔桥由于技术问题导致无法放下门廊，警方将桥梁关闭了 10 个小时。2020 年 8 月，塔桥因"机械故障"而被关闭，随后在工程师的修复下，于第二天重新向车辆开放。

南安普敦古城

南安普敦是一个有历史的城市。建于中世纪的古城墙、古建筑还屹立在那里，当然有的已成为断壁残垣，但是古城的整体轮廓还很清晰。

这里有都铎王朝时期的建筑和花园；有约翰王的宫殿——他是1199—1216年间的英格兰国王，英国历史上最不得人心的国王之一；有女作家简·奥斯汀的故居；更有享誉世界的港口。

作为英国重要的远洋海港、海军基地、英国最大的客运码头，1 000多年来，它的名字与一系列重要的历史事件联系在一起。

1415年8月英国国王亨利五世率领1万多名弓箭手和士兵从南安普敦出发，在诺曼底登陆，在阿金库尔(Agincourt)以1∶3的人数劣势击溃法军，创造了英法百年战争中以少胜多的战例。这场战役几乎摧毁了法国人的斗志，1420年亨利五世几乎攻占了大半个法国。但可惜的是他不到40岁英年早逝，随后英国在战争中接连失利直至战败。

1620年，英国清教徒乘坐"五月花号"客轮从这里驶向美国；他们在船上签署了《"五月花号"公约》，这是美国历史上第一份重要的政治文献，美国几百年的根基就建立在这短短的几百字之上，信仰、自愿、自治、法律、法规等关键词几乎涵盖了美国立国的基本原则。在南安普敦港口的一侧，专门开辟了"五月花号"公园。

南安普敦港还有一个著名的事件与它相关。1912年4月10日，"泰坦尼克号"豪华客轮在这里起锚进行处女航，它是当时世界上最大的豪华邮轮。4月14日晚，泰坦尼克号在北大西洋撞上冰山而倾覆，1 500余人葬身海底。南安普敦市专门设立了泰坦尼克号纪念馆。

朴次茅斯

朴次茅斯是一个天然的良港，吃水较深，离英吉利海峡很近，关键是怀特岛作为一个天然屏障，矗立在它对面，避免了来自海上的"攻击"。怀特岛意即"适宜人类居住的小岛"，是英国历代女王们最钟爱的小岛，维多利亚女王的夏宫（类似我国承德的避暑山庄）就建于此地。

正因为如此，朴次茅斯成为英国皇家军港。在英国，带皇家字眼的，都是人们十分关注的。所以，该市的皇家海军造船厂是英国最受欢迎的历史文化遗产中心，也是伦敦近郊东南沿海最著名的五个旅游景点之一。

说到海军，现在可能不太引人注目。如果你穿越到二三百年以前，大英帝国称霸全球的时候，就知道海军就是唯一支撑英国的力量。我们的历史课本上经常提到的就是，英国的坚船利炮打破了清朝的海疆，从此中国陷入半殖民地半封建社会。皇家海军对于英国人来说，代表了他们辉煌的历史和自豪的记忆，在英国人的意识里，航海和海上军事征服已成为英国文化最根本的组成元素。皇家海军的名字起源于1707年，那一年英格兰和苏格兰正式合并为大不列颠。从那时起，英国皇家海军成为英国军事力量的顶梁柱，而且保持了从17世纪末到20世纪初的世界海上霸主的地位，因此英国人无不为英国皇家海军历史感到无比荣耀。

朴次茅斯造船厂有三艘著名战舰，其中一艘名为HMS Victory（皇家胜利号），在1860建成，尽管这艘船没有参加过任何历史上著名的战斗，但却以作为第一艘铸铁的并以蒸汽发动的战舰在世界历史上有着举足轻重的地位，它开启了一个更快速、更强大的军事新时代的来临，其影响一直延续至今。

1765年建成的皇家胜利号堪称造船厂里最吸引人的景点，它是1805年著名将军纳尔逊在特拉法加战斗中的旗舰。在第一次世界大战之前的一百年时间里，英国面临着来自欧洲大陆拿破仑执政下的法国政权的侵略和威胁。制海权是决定了整个战争进程的关键点。1805年10月21日特拉法加海战发生在位于地中海入口即直布罗陀海峡所在地的西班牙加的斯港。这场海战击败了法国和西班牙联合舰队，也粉碎了拿破仑争夺制海权的梦想。这在世界史上对于日后拿破仑政权的垮台以及大英帝国的崛起是一个重大转折点。由于特拉法加海战的巨大成功，纳尔逊勋爵是英国历史上最为著名和最具成就的海军将领。

温莎城堡

第一次听说温莎这个名字,还是在上大学时期,莎士比亚有一部五幕喜剧叫作《温莎的风流娘儿们》。当时只是奇怪,怎么翻译成这么极不庄重的名字。

温莎是一个小镇,位于伦敦以西 30 多千米。法国诺曼底公爵威廉征服英国后,自立为王,称威廉一世,号称"征服者威廉"(William the Conqueror),为防止英国人反抗,在伦敦周围建造了 9 座相隔 32 千米左右的大型城堡,组成了一道碉堡防线。温莎古堡是 9 座城堡中最大的一座,坐落在泰晤士河边一个山头上,建于 1070 年。1110 年,英王亨利一世在这里举行朝觐仪式,从此温莎古堡正式成为宫廷的活动场所。历代不断扩建增修,形成了现在的规模。今天,与伦敦白金汉宫一样,温莎城堡也是英国君主的行政官邸。现任女王伊丽莎白二世每年有相当多的时间在这里度过。

温莎城堡分为上区、中区和下区。上区主要是中世纪的法庭、滑铁卢厅、圣乔治厅等。滑铁卢厅又称宴会厅,室内陈列着参与滑铁卢战役、击败拿破仑而立下赫赫战功的英国将领们的肖像,是英国王室举办重大活动的主要场所之一,当年莎士比亚的名剧《温莎的风流娘儿们》就是在此厅首演的。莎士比亚应女王伊丽莎白一世的邀请来到古堡,写出了这部喜剧。平时,温莎古堡全部对外开放,但女王到来的时候,上区最大的那座宫殿留给她,其余的地方仍然允许参观。

中区高岗上,耸立着一座 12 世纪建造的圆塔,是城堡内的最高建筑。这座塔原是古代的炮垒,现在上面还陈列着大炮。1660 年以前,圆塔是关押王室政敌的监狱,现在则主要用于保存王室文献和摄影收藏。每当女王来到温莎城堡,这里便会升起英国皇室的旗帜。

下区主要有圣乔治礼拜堂、爱伯特纪念礼拜堂等建筑。圣乔治礼拜堂(St. George's Chapel)是温莎城堡的经典建筑,初建于1240年,为晚期垂直式样的哥特式礼拜堂,以细致艳丽的彩绘玻璃著称,有10位英国王室埋葬于此。

出城堡不远,是一条小吃街,中国餐馆有三四个,做的菜非常地道。

古城约克

约克市位于英格兰北部，是英国为数不多的超过两千年的城市之一。

最早是盖尔人（凯尔特人的一支，与爱尔兰人同宗）在此居住。罗马人占领后，修建了城堡，还有浴池、神庙、大桥、公墓。罗马帝国皇帝君士坦提乌斯306年在此驾崩，他的儿子在这里被军队拥立为皇帝，是为君士坦丁大帝。罗马帝国内讧后，军队仓皇撤离，盎格鲁人乘虚进入。后来，北欧海盗维京人崛起，开始四处掳掠欧洲，维京中的丹麦人离英国较近，便一批批涌入不列颠岛，与盎格鲁开始了你争我夺的游戏，大家乐此不疲玩了多年，丹麦人终于胜利，建成了以约克为中心的殖民地。但好景不长，随着法国的诺曼人进占英国，约克又沦为征服者威廉的治下。此后的岁月中，约克一直是北英格兰的首府，是除伦敦以外最重要的城市。

丰富的历史留给了约克众多的历史遗迹。罗马人建立的城墙，经过历代整修，至今屹立在那里，这是英国境内保存最为完整的古城墙。城墙几乎可以绕城一周，但比较窄，只能容纳游客步行，不像中国西安的古城墙那样可以跑得开马车。站在城墙上望向城内，不同时期的建筑各展风采，和平共处，相伴共生。在翠绿的树木掩映下，古老与沧桑似乎多了层生机与活力。

约克大教堂(York Minster)，是英国最大的哥特式教堂，欧洲现存的最大的中世纪教堂，也是世界上最精湛的教堂之一。电影《哈利·波特》中的霍格沃茨大厅就取景于此。教堂13世纪开始兴建，1472年完工，历时约250年，气势恢宏，工艺精美。东侧墙壁的整块彩色玻璃是世界上最大的彩色玻璃，以开天辟地和世界末日为主题；南侧的彩色玻璃是为了纪念玫瑰战争而建，画的是都铎王朝的玫瑰；北面的"五姐妹窗"（Five Sisters Window）是五块尖顶玻璃窗，每块都超过16米，是大教堂历史最悠久的玻璃窗。

肉铺街是市中心的一条铺满鹅卵石的小巷，建筑颇具北欧风格，二楼都比一楼突出，街道十分狭窄，全年基本不见阳光。过去居民都把肉挂在凸出来的房檐下，使肉不因暴露在阳光下而腐坏。肉铺街被评为英国最美街道之一，它也是英国现今保存最完整、最古老的中世纪街道。

值得一提的是，美国一座享誉世界的城市与约克渊源颇深。十七世纪中叶英荷战争后，荷兰人把在美国曼哈顿岛的殖民地拱手让给英国，英国国王查理二世便将这块土地交给他的弟弟管理，他弟弟约克公爵就将这块土地命名为新约克（New York），纽约就此诞生。

伦敦眼

伦敦眼(The London Eye)伦敦泰晤士河南畔,是世界上首座、也曾经是世界最大的观景摩天轮,总高度135米。

伦敦眼共有32个乘坐舱,每个乘坐舱都呈椭圆形,能容纳16人。运行期间,它一直非常缓慢地转动着,观光完的乘客和新的乘客在地面平台进行出进交换。

站在平台上往上看,乘坐舱悬挂在高空,似乎很小,但平视的话,乘坐舱还是很大的。顺着人流,进入乘坐舱。除了舱的底部,其他全是透明的玻璃,你可以随意地走动,去观赏不同方向的城市风光。舱的中间是一条长凳,供乘客休息。

摩天轮缓慢地转动起来,转一圈需要大约半个小时。眼看着前面的乘坐舱高度的变化,前上方、平视、后下方,一圈便完成了。

伦敦眼紧靠泰晤士河,首先映入眼帘的便是浩荡的河流。河面并不宽广,河水也不清澈,洁白的游轮非常显眼。到了顶部,整个伦敦尽收眼底,建筑鳞次栉比、错落有致。西北面就是大本钟、议会大厦、威斯敏斯特教堂,这些本来看起来巍峨的建筑,从高处俯瞰,也小巧了许多。东北面伦敦电视塔一枝独秀,似与其他高楼比量身材。城市公园苍翠的绿树,为城市平添了生机。

据说,伦敦眼在建造之时很受质疑。周围都是古香古色的传统建筑,突然之间竖起这么个娱乐气息很浓的设施,部分保守的英国人心里很不愉快。原本这是1999年为迎接新千年建造的,预计运行五年,但它建成后,因备受市民和游客青睐，一举成为地标性建筑。

下了摩天轮，碰到一位老太太在分发红色墨镜，搞不清做什么广告。我问她："Can I have one?"（可以给我一个吗?）她就愉快地给了我一个，并主动地合影留念。

英国寄宿家庭

应该说，大多数家庭不愿意接纳成年人寄宿。第一次去英国时，就是学生住寄宿家庭，我住宾馆。第二次去的时候，女儿从欧洲过来玩几天，大概因为这个缘故，有个老太太愿意做我们的寄宿家庭。

老太太其实也不算老，大概不到六十岁，身高一米六多一点，体态微胖，脸颊有些红。她独自居住，丈夫是离婚还是去世，我没好意思问。她有两个女儿，一个在伦敦，一个就在本市。她是土生土长的南安普敦人，带我们出去时，经常指点说，这是她母亲家，那是她小时候待过的地方。

老太太名叫 Linda，是一名售货员，说话时还是带一点生意人的狡黠的。她告诉我，偶然听别人说，做寄宿家庭还能赚钱，所以就去学校报名申请。后来学校说我们父女寄宿，觉得很合适，就承担了下来。

Linda 还没有退休，每天要去上班，只负责我们早晚两顿饭和住宿。她开着一辆很袖珍的法国雪铁龙，车内空间狭小。除了第一天接我们去她家，平时不负责我们去学校。我们有时坐公交车，有时学校的 Kamil 接送我们。

Linda 的家在一个小镇上，街道两边全是二层三层的小楼，有的是独栋，她家却是三户接在一起的联排二层楼。门前的路边是一个狭小的车位，车位后是人行道和绿化带，几个不同颜色的垃圾桶立在绿化带旁——英国的垃圾分类很严格的。在往里走大约三米的水泥板，就到了她家门前。一进楼门，中间是过道，直通里面的餐厅，右边是客厅，左边是直通二楼的楼梯。客厅布置得很有艺术气息，有插花、雕塑、草编等。走进餐厅，发现里面很简约，一般只能坐四个人，餐厅的右边就是厨房，用一扇小门隔开。餐厅的另一头就出了楼房了，楼外用玻璃做墙壁，夹起了一间外客厅，里面放了竹椅子，可以坐在那儿晒太阳。外客厅通往一个小花园，刚刚翻了土，似乎还没种植花草。爬上楼梯去二楼，迎面就是卫生间，内有一浴池，可淋浴可泡澡，还有一个坐便器。右侧是三间卧室，我住最里面一间客房，Linda 住中间主卧，女儿住临街的一间。我的房间内，除了一张床就是一个衣柜，别无他物。

一般在寄宿家庭主要有两件事，一是交流，二是吃饭。

我与 Linda 的交流很少。我英语不好，说话费力，对英国了解少，说不到一起去。再者，有女儿在身边，她英语说得溜，Linda 就犯不上找那个麻烦，有话就直接奔着女儿去了。她们二人倒是谈得很投机，从市容市貌到衣食住行，从国际形势到流行时尚，一聊起来就很投入，但见笑声随英语齐飞，手势伴脸色共舞。声音虽然到达我的耳朵，但似乎没打算进入大脑，于是自惭形秽，默默回到自己的房间。

关于她烹饪的饭，印象不是很深了，西方无非是土豆泥、土豆条、烤鸡等等，但喝酒倒记忆犹新。Linda 还是喜欢喝点酒的，每天晚上我们都喝上一大杯干红。但对于一个山东人来说，一杯葡萄酒似乎太少，刚开始不好意思要，后来我就直接说了："Can I add some?"（"我可以再来一些吗？"）她就再给我倒一杯。几天下来，她家的葡萄酒数量锐减，我不好意思再喝她的酒，就去超市买了酒带回来，Linda 不动声色，泰然收下。

Kamil 印象记

Kamil Aliss 是英国 Itchen College(伊钦学院)的原副校长、国际部主任,今年已经 76 岁了。事实上,他早在 65 岁时就退休了,退休后他继续为学校工作了十年,直到去年才真正不再参与学校事务。

认识 Kamil 已经十年了,2010 年春天,他首次拜访我们学校,直接促成了当年五月的赴英国交流活动。此后一直到 2014 年,他几乎每年都要到访我校一次。我两次去英国都是他亲自安排、接待,所以在交往的外国人中,他也属于很熟的朋友了。

Kamil 漫长脸,皮肤较一般白人要深一些,最突出的特征是鼻腔的骨头凸起,导致鼻梁和鼻尖之间形成一个小丘。后来我才知道,他不是土生土长的英国人,是塞浦路斯移民,但是他举手投足表现出十足的英国绅士风度。

Kamil 温文尔雅,做事不徐不疾,说话声音平和,从没见他高声大嗓。他对我们说话时,总是放慢语速,吐字清楚,力求让我们听懂。带领我们外出参观时,总是亲自担任解说,有些地方如牛津、约克、温彻斯特,介绍时涉及到很多历史背景知识,他总是不厌其烦地耐心解释,从没流露出不豫之色。

Kamil 早年毕业于牛津大学,毕生从事教育工作,是一个非常出色的化学教师,甚至可以说是化学教育专家——他是英国 A-level 考试(相当于中国高考)的化学命题人之一。他后来专门负责国际教育,Itchen College 约有 130 多个来自五大洲的外国学生,国际部办得很有特色,成绩斐然。例如我输送的学生中有 2 人考入牛津大学,1 人考入伦敦大学学院,1 人考入伦敦政治经济学院。

Kamil 印象记

　　Kamil 非常敬业，甚至可以说是献身于教育事业。他的同事告诉我，Kamil 是真正的英国"雷锋"，他退休后不要任何报酬继续为学校工作了十年。他胸怀宽广、为人真诚，一心扑在工作上。在我的印象中，他总是开着校车忙这忙那。学校里有辆16座校车，我们出行几乎都是 Kamil 亲自驾驶。2017 年夏季，我们从伦敦到约克去，约克郡在英格兰北部，路途遥远。Kamil 第一天开车带我们去，第二天开车带我们游览哈德良长城和约克大教堂，第三天再从约克把我们送到伦敦希思罗机场，然后开车回家。不说前两天，光是第三天他就要开 8 个小时的车，这对于一个 74 岁的老人来说，实在是个不小的挑战。2010 年 5 月，我们为期一周的交流活动结束后，因为飞机是晚上起飞的，白天就空闲了，按照以前地方的做法，就是自己安排，接待方只管到时送到机场就行了。Kamil 主动提出来带我们去他家和郊外转一转，要知道，外国人是很注重家庭隐私的，一般不邀请不熟识的人回家。2008 年我去新西兰期间，Liton High School 校长带我们游览市区，正好走到他家门口，他停下车，指着一幢依山傍海的别墅说，这就是我家，然后招呼我们上车走人。Kamil 在英国也属于收入较高的阶层，一年大约人民币 50 万，所以他的房子是二层的别墅，周围有一块足球场那么大的绿地。Kamil 带我们参观了他的起居室、内外客厅，招待我们吃了甜点，又参观了他的绿地。然后带我们去看了几百年前的老房子、旧教堂、养奶牛的牧场，让我们了解了很多事情。例如英国建筑以石头材料居多，虽历经几百年，有的现在还能用。老房子的门口很矮，因为几百年前英国人生活并不那么富裕，营养也跟不上，身高并不高。

　　Kamil 的家庭观念很强，和子女相处很好。我去他家时，看到他妻子在照看他的外孙女，原来他的女儿女婿就住在他家里。我很吃惊地问他，不是说在西方子女超过 18 岁就离开父母家，自己独立吗？他微笑着说，这要看具体的家庭，如果父母提供好的条件，愿意接纳子女在家，那孩子为什么不在家里住呢？另外，像交大学学费这类的事情，父母代缴的还是很多的，并不一定全靠孩子自己。Kamil 很宠溺他的外甥，他专门在院里的苹果树上搭建了小木屋，下面竖上梯子，供孩子爬上去玩。他的妻子是个基督徒，而他却是无神论者。他无意中说起两人死后的安排，让我惊愕不已。他说，妻子死后要埋在教堂的墓地，以匍匐在上帝脚下；而他则埋在公共墓地。这对于中国人来说是不可想象的。

　　Kamil 善解人意，处处替别人着想。我在英国期间，他变着花样请我品尝各种食品，像英国特色猪肉派（Pork Pie）、烤肉、炸鱼、意大利比萨。英国的早餐很是单调，基本就是切片面包、果酱、奶油，喝的就是咖啡、果汁。但是传统的英式早餐 British Breakfast 却是非常丰盛的，除了上述食品以外，还有烤土豆、烤西红柿、烤蘑菇、烤培根、炒鸡蛋、冷火腿、煮黄豆浓汤等，面包似乎花样也多一些。Kamil 就单独带我去寻找这类餐馆。我曾问他，现在都是早餐简单，午晚餐丰盛，为何英式早餐那么丰盛？他解释说，在工业社会以前，农夫们每天早上吃得饱饱地去地里干活，需要干很长时间才能吃午饭，甚至一天就吃两顿饭，所以必须吃饱吃好。现在人早上急着上班，没有时间和精力做饭，每天活动量又小，起床晚吃不进去，种种原因导致早餐简约。2017 年暑假我们去伦敦期间，Kamil 的妻子生病，他派 Dyral 老师带队，专门叮嘱 Dyral，陪我去伦敦酒吧转转。我们住在伦敦大学学院的学生宿舍里，离伦敦的商业街牛津街、中国城不远。Dyral 年轻，也爱喝酒，现在手持"尚方宝剑"，意气风发、豪情万丈，他先用谷歌地图搜罗了附近酒吧，带着我一晚上喝了三家，真是一醉方休。

　　Kamil 对我帮助支持很大。我提出的一切要求他都尽力做到——接收留学生、冬夏令营交流、替公费出国的领导发邀请函等等，还有一件事纯粹是为了解救我的困境而做的。2014 年，我校举行建校 100 周年校庆，校长在校庆前大约半个月，突发奇想，让外国人到场庆贺。我就向合作的所有学校发了邀请函。当时指望韩国、美国的大学能来人，毕竟我向他们输送学生，可以说他们有求于我。但是，大学仅仅来了二十多份贺信，不肯派人来，其实也可以理解，那么远坐飞机来，就为了读一封贺信。但是，就在这紧要关头，Kamil 来了，还带来了他对教育的深刻理解，他的发言绝不是场面上的奉承话，而是站在教育家的高度上，从国际前沿谈中英教育，见解深刻，观点新颖，受到与会者的高度赞扬。校庆的第二天，Kamil 也不参加学校组织的参观，就直接返回英国了。临走前，我很抱歉地替领导打圆场说，来人太多了，校长们太忙了。Kamil 以无所谓的口气安慰我说："我来主要是解决你的困难，咱们是朋友嘛！与他们又不熟。"令我心里五味杂陈。

人是不经老的，特别是年老的时候。2017年我见到Kamil时，明显地感觉到他老了。与十年前相比，背明显地驼了，眼也眍䁖了，但精神很好，这一点令我欣慰。这些日子，新型冠状病毒肆虐全球，我很担心Kamil和他的妻子，与他联系，他回复我说很好。

夫人之相与，真诚为要。如果一个人真心对你好，即使语言不通，也能感受得到。Kamil令我感动，令我怀念，也是我学习的榜样，我时常想，做人就应该做这样的人！我真诚地祝愿他及夫人健康长寿！

转机阿斯塔纳

2017年8月,我要到英国去。签证出来时,离出发日期已经比较近了,直飞的机票没有低于1万元的,所以就考虑转机:一是机票便宜一些,二是中途可以下飞机休息一下。选来选去,最后选中了哈萨克斯坦的阿斯塔纳航空公司。

阿斯塔纳是哈萨克斯坦的的首都,是一座很年轻的城市。原先哈萨克斯坦首都是阿拉木图。之所以迁到阿斯塔纳,据说一是阿拉木图离中国新疆、吉尔吉斯斯坦太近,有一定的安全风险;二是需要平衡哈萨克斯坦境内的两大民族哈萨克族和俄罗斯族的关系。阿斯塔纳位于哈萨克斯坦中北部,迁都可以促进俄罗斯族占多数的北部地区哈萨克化。1997年,哈政府正式迁到阿斯塔纳。

哈萨克斯坦是世界上最大的内陆国家,在中亚地区地位举足轻重,新首都也极力吸引世界人的目光。阿斯塔纳申办了2017年世界博览会,为了吸引更多的外国游客来参观,哈政府推出了新政策,只要乘坐哈国的航空公司,而且在阿斯塔纳转机,就可以免签证入境。我和学生及家长商量,是不是顺便去世博会参观一下,大家一致同意。于是,我们就决定从英国回来时,到阿斯塔纳市内玩玩。

去程时就需要在阿斯塔纳转机,我们一进入机场,就明显地感觉到中亚的过渡状况,就是从东亚面孔到新疆面孔到俄罗斯面孔,有的人基本上长得像汉族人,有的人像维吾尔人,有的人纯粹是斯拉夫人了,他们倒是友好和平地相处在一起。边检人员带着夸张的大盖帽,穿着草黄色军服,但似乎业务不太熟悉。我随身带着一份人员名单,是按照英语字母顺序排列的汉语拼音,转机时需要一一对照确认的。工作人员也拿出一份名单,大概是航空公司提供的,不知道是按什么顺序排列的,反正与我的不同。他就分辨了半天也不得要领,以至于无法处理了。他把我和学生们领到一个过道上,让我们先等着,自己出去找人去了。一会儿又来了个所谓领导吧,把两张表翻来覆去地看,又问了我一些问题,这才放行。顺便说一下,这两人的英语水平相当糟糕,沟通起来不容易。

阿斯塔纳机场不算大,目测和青岛流亭机场差不多。我们转到了飞英国的登机口,里面只有一两个免税店和一个餐饮店。吃的就是面包、三明治之类,也有当地的小吃例如马肉。我以前从没吃过马肉,就买了一份尝了尝,口感与驴肉类似,但不如驴肉香;最要命的是里面有很多片肥肉,这让我起了疑心,马天天奔驰在原野上,有那么多肥肉吗?是不是其他肉冒充的?

几个小时后,重新登机飞往伦敦。我发现这架飞机比飞北京的设备要好,后来经过多次比较,如韩亚航空、乌克兰航空、阿提哈德航空,发现这基本是规律,就是飞往欧美的比飞往中国的好。

阿斯塔纳观光

按照计划，我们从伦敦飞抵阿斯塔纳（2019年更名为努尔苏丹），停留两天后返回北京。我们事先做了攻略，了解到机场离世博会场馆很近，离市内的宾馆很远；就决定先去世博会游玩，下午再去宾馆。好在我们的大件行李箱直接托运到北京，中间不用再取出来，这样我们每人只是随身一个背包，比较轻松自在。

8月2日早5：30，我们就抵达阿斯塔纳。出了关，正好碰到一群世博会的志愿者，他们热心地帮我们找到了公交站，我们乘坐了第一班车。到了世博会场馆，发现来得太早，根本没开门。想找个地方吃早饭，转了好几条街也没找到，不仅饭店没有，人也稀少。好不容易见到一个人，身穿世博会标志的服装，上前搭讪，原来是日本场馆的工作人员。他告诉我们，这是片新城，住的主要是世界各国来参会的工作人员，饭店特别是小吃店根本就没有。没办法，等到世博会场馆开门后再说吧。

到了上午8：00多钟，太阳已经明晃晃地挂在天空，哈萨克草原上能见度很好，气温马上升上来了，我们等在门口，没地方遮阳没地方坐。直到9：00，场馆终于开始营业了。我们排在第一名，买了票进去，先找吃的。找了一圈，果然发现了一些临时搭起的食品板房。我还是想吃一下本地特色饭，就买了一份马肉饭和牛肉炖土豆胡萝卜。马肉饭用一次性塑料食品盒装着，上一层是马肉炖洋葱，下一层是面皮。卖饭的是一个在读的女大学生，英语不错，柜台接待由她负责。她的妈妈只会说哈萨克语，就在里面做饭。

我想来一次哈萨克斯坦，得买点东西作纪念，草原上牛羊多，皮鞋等应

阿斯塔纳观光

该是质量好价格低吧。在世博会商场，我看中了一双结实的皮鞋，一问，却是土耳其生产的，算了，买双当地的吧。又看中了一双夏凉鞋，一问，又是土耳其生产的，售货员说，这里好一点的皮鞋都是土耳其的。鞋的图案很合我意，还是买一双吧，人民币大约600多元的样子。当然，我是用VISA卡支付的，花的是哈萨克斯坦货币坚戈，坚戈会换算成美元，美元再换成人民币，到时银行只扣人民币就行了。

阿斯塔纳世博会的主题是"未来的能源"，有超过100个国家和10个国际组织参展。

参展的国家，大多数能按这个主题来安排参展内容，像中国、美国、俄罗斯等大国，欧洲的发达国家；但也有一些国家，仅仅是参展而已，甚至演变为商贩售卖商品的展台，像巴基斯坦、尼泊尔；还有非洲的小国，几个国家租借一个展室，卖一些手工艺品。

最大的展馆，肯定是举办国的主馆，2010年上海世博会的主馆也是中华馆。阿斯塔纳的主馆是一个大圆球，高高地耸立在世博园中央，圆球外表是用玻璃分装的，这是截至2017年世界最大的玻璃球形建筑。里面好像是五层楼高，有高速电梯运送游客。每一层都有特定的展出内容，系统地展示了哈萨克斯坦的历史、文化、民俗以及能源的运用，装饰的图案极具民族特色。登上顶层，可鸟瞰整个世博园区。这是游览必看的项目。

中国馆也是相当有特色的，规模大产品多。我想原因有二：首先是中国与哈萨克斯坦的关系很好，上海合作组织就是中亚国家和中国、俄罗斯建立的，"一带一路"也是习近平首次在阿斯塔纳提出来的，所以，中国从国家层面上就非常重视，组织了多个主题展，还要求全国各省轮流举办主题日；其次中国的企业愿意走出去，参与国际竞争，从央企到地方企业参展的不少，例如国家电网、江淮汽车、古井贡酒等。

给我印象最深的是瑞士馆和荷兰馆，他们紧扣展览主题，运用多种手段如图片、视频、表演等手段，展示了他们在运用能源方面的成就和对未来的探索。斯洛文尼亚的传统文化展示得很好。韩国馆里面没有特别印象，他们在馆外的表演却很吸引人，有传统的表演如顶盘子、头摇帽缨，还有现代的街舞，吸引了很多观众。

漫步园中,有些独具特色的雕塑还是值得一看的。

受人口制约,阿斯塔纳世博会参观的人数明显比不上上海。估计上海世博会的参观人数可能足以让国际展览局纪念很多年。

五渔村之行

五渔村，顾名思义，就是五个渔村，位于意大利利古里亚大区拉斯佩齐亚省海沿岸地区，是蒙特罗索、韦尔纳扎、科尔尼利亚、马纳罗拉及里奥马焦雷这五个悬崖边上的村镇的统称。1997年，五渔村被联合国教科文组织列入世界文化遗产名录，1999年被辟为国家公园。

历史上，很多画家、自然学家、作家如英国雪莱曾踏足五渔村，徜徉在海岸的美景中，尽情展示他们的诗性才华。由于交通不便，在以后的岁月中五渔村一直默默无闻，直到20世纪70年代末，一位美国背包客无意间闯入，他将拍摄的照片投递给《国家地理》杂志，五渔村就此扬名于世，成为全世界旅游者心中向往的远方。

2019年2月9日，我从米兰中央火车站出发，一路向南，到达热那亚后折向东南，铁路一直沿着海边蜿蜒伸展。火车一会儿钻山洞，一会儿过山谷，大海时不时地展现在我们眼前。到了拉斯佩齐亚，换乘专门通向五渔村的小火车，小火车仅往返于五个渔村，旅客一天之内无限次地搭乘。

一下火车，略带咸味的海风扑面而来。车站很小，紧贴着海边，另一侧就是高高的悬崖峭壁。铁路也是沿着狭仄的海边向前延伸。我们先下到了海边，这片海并不温柔。沙子粗粝，颜色灰白，更有许多大小不一的卵石，全不像我家乡的海，沙滩细腻，颜色呈暖色的微黄。昏暗的天空下，海面上黑色的礁石默默地与你对峙。

去村里，先沿着山路向上走，最高处有一个碉堡兼瞭望塔，一千多年来一直守护在这里。斑驳的石墙、砖石的门口、粗制的陶器显示出不同的岁月流逝的痕迹。一走到山顶，蒙特罗索就展现在眼前，村子背靠起伏连绵的大山，前临大海，一副世外桃源的样子。

进到村里，色彩斑斓的房子依地势而建，高低错落、杂而不乱，街道狭仄，石头铺面，有的墙壁剥落了墙面，给人以深深的沧桑感。高高的钟楼矗立在村口，俯视着全村的一切。有一条小路通山顶，山顶上有一所类似修道院的院落。等我爬上去，发现院门口一个少女雕塑单腿跪地，双手合十，虔诚地仰望天空。我好奇地进入山门，不觉全身出了一身冷汗，原来这是一片墓地。大理石的碑面整整齐齐地排列在墙壁上。我虽不信鬼神，但孤身一人立身于这片碑林中，还是脊背发紧，不觉落荒而逃。

由于下午要到佛罗伦萨去，时间紧张，就直接去了第四个村子马纳罗拉。

马纳罗拉斜挂在临海的悬崖上，五彩斑斓的房子铺满了整个山坡。

意大利人偏爱黄色、红色、白色，房子也涂上这些颜色。冬日暖暖的阳光照下来，房子呈现出柔和的色彩。

走进小村，彩色的壁画勾勒出渔村人的生活。葡萄，占据了村民的主要生活，连少女的雕塑也是用葡萄来装饰的。店铺门口摆满了鲜花和各具特色的挂件，当地人悠闲地在店里喝咖啡，随意地和游客打着招呼，但没有拉客的意思，一副"你来与不来，我都在这里"的样子。

沿着狭仄的街道，一路往上走进村里。房子依山而建，各据地势，外观呈现出不同特色。因为不是旅游旺季，街上行人很少，家家关门锁户，即便是教堂也是锁着的。不敢高声语，恐惊梦中人。我转了一圈，就下到了海边。

登上对面的山坡，远远观望，更能清楚看出村庄的全貌。村庄东靠起伏连绵的山峰，西侧南侧就是陡峭的悬崖。环顾周围，我不觉想起了陶渊明《桃花源记》"率妻子邑人来此绝境，不复出焉，遂与外人间隔。问今是何世，乃不知有汉，无论魏晋"。想一想亚平宁半岛上几千年来的战火，这个地方应该就是世外桃源了。

再往上走，从另一个角度看，村庄在广袤的天空和蓝色的大海映衬下，像是童话里神女的居所，宁静悠远，脱尽了尘世的喧嚣。

村庄处在山与海之间，高山与大海为村庄提供了意蕴丰富的背景。山的高峻，显出村庄的妩媚；海的壮阔，显出小屋的小巧。壮观与柔美，在这里和谐地统一在一起。

夜幕降临,村庄里陆续亮起疏落的灯光,照出一片氤氲的空间。村庄迷于雾失楼台的情景中,它不再是清晰的小屋,而是烟雾之中、星点之下的空中楼阁!

但得悠闲寄此生,不辞长做渔村人!

一次韩国家庭的真挚接待

2012年,韩国大田市的市立高中想在中国建立友好学校,正好,该校一位女老师来山东大学进修汉语,山东大学国际教育学院的任老师与我很熟,就介绍她来我校看看。1月28日,两位老师乘火车从济南来到日照,我把她们接到学校对面的翰林酒店住下。一位叫朴恩婷,很年轻,大学刚刚毕业,另一个是她找的做伴的同学,在参观了一佳校园,听了我的介绍后,她们很满意,决定回去向校长汇报,建立合作关系。第二天,她们离开时,我考虑到她们是刚入职的老师,工资不高,就没让她们结房费。

2月19日,我因办理留学生事宜需要到首尔去。反正首尔离大田不是很远,我就想顺便去大田看一下这所学校。于是与朴老师联系,她说很欢迎我去她们学校。我和她约定好时间,就乘坐大巴赶往大田。金老师年轻却很细心,她告诉我大田市内有好几个停车点,我不要去汽车站下,就在市政府旁边下车。她知道我不懂韩国语,让我把电话转给身边的乘客,她用韩语告诉了那人,求他照顾我在指定地点下车。

果然,我一下车就发现她在迎候我,她带我走到一辆两厢的小汽车旁。出乎我意料的是,开车的是她的父亲,而且他们要带我去他们家。我很惊愕,这实在不是工作接待的套路。通常的做法是,她把我到访的事情报告校长,校长安排有关人员接站、安排住宿(当然我付住宿费),金老师陪同翻译即可,不用管其他。我不便问学校怎么不出面接待,入乡随俗吧,听天由命。汽车开出大田很远,上沟下崖,一直开到农村,周围是一垄垄的塑料大棚,他们家的板房就建在这片田地中。出来迎接的有朴老师的母亲,她早就在家里准备好了饭菜。坐定以后,金爸爸先开口敬酒,他说,他女儿到中国期间,蒙我热情接待,管吃管住,他们家非常感激。听说我到韩国,一定要请我去他家做客。菜呢,没有很名贵的,但是都是自己家做的。听到这里,我也很受感动,我说很荣幸能到你们家做客,能这么深入地感受韩国人的家庭生活。——这是真的,走过十几个国家,接触过很多人,能进入别人家庭做客的机会寥寥无几。他们是一个很实在的一家人,父母都很质朴,朴恩婷也不像一般韩国女孩那样化浓妆。闲聊中得知,他们夫妇原先也在首尔工作,但首尔生活压力太大,工作待遇也不是很高,于是他们又回到农村,靠种草莓等农副产品过日子。他们有一儿一女,儿子已经结婚了,住在首尔,女儿很争气,考上了公办教师。老两口对目前的生活很满意。

饭后,朴爸爸陪我去野外走走,品尝了新鲜的草莓。回来,安排我在客房休息。朴老师解释说,他们家平时都是睡地铺,怕我不习惯,单独给我摆放了一张沙发床。韩国的住房我是知道的,无论楼房还是平房,一般都是地暖,房内全部铺设敦实的木地板,睡觉时直接拿出被褥铺在地板上就可以了。我其实很想体验一下躺在地板上睡的感觉,但不忍心拂其好意,便悉听尊便,在沙发床上安歇。

第二天,朴爸爸把我送到学校便回去了,女儿陪同我与校长见面,下午我又乘坐大巴离开了大田。从那时到现在,这是我唯一一次深入到韩国的田间地头。

一碗尴尬的冷面

韩国人不太重视早餐，很多人早上从家里带一点吃的，或者干脆不吃。我去金浦大学时，安正根教授每天开车带我出去找早餐店。金浦大学在一个偏远的小山沟里，交通十分不便。为了找早餐店，他开着车找遍了周围的市镇，甚至跑到了首尔市里。对此我感到实在不好意思，就跟他说，不用他管了，我自己解决早餐问题。他给我备下方便面后，就不再坚持了。

我早就注意到，在金浦大学学生宿舍旁边，有一个大帐篷，里面经营快餐——当然这个档次基本等同于国内路边的小推车。一天早晨，我看见帐篷开门了，就进去看一看。一对老年夫妇正在忙碌着，抬头看了我一眼就继续忙自己的。我看见帐篷内壁上挂着一张菜单，图文并茂，像寿司、辛拉面等等，反正是简单的面向学生的快餐。有一碗面吸引了我，有汤有面有泡菜，上面还卧着两瓣熟鸡蛋。早晨吃碗面不是很好嘛，于是我决定点这个。

小店除我以外别无顾客。我不会说韩国语，那老夫妇不会说英语。好在有图，我认为语言不通不是障碍。我指着菜单上这碗面的图标，意思是点这个。那老头很疑惑地也指着图标，反复确认完，才点头去做了。我则坐下来等待。

前面忘了介绍，这是 2007 年 3 月初，春寒料峭。我是第一次去韩国，对其饭菜不是太了解。我的胃怕凉，期待吃一碗热乎乎的面条，但尴尬的事情就此开始。

老板端来了面条，还殷勤地拿了辣酱。等我一开始吃，发现坏了事了，这是一碗冷面，冰凉冰凉的冷到零度，上面的泡菜甚至还带有冰凌。我想让

一碗尴尬的冷面

他加热一下,但语言不通怕说不清楚,——关键是人家前面反复确认过,我自己同意的,想不吃吧,又怕引起误会,——即使给了钱不吃也不好,你是来闹事的还是怎么着?我很希望能找到个学生,通过他来解释一下,但是周围一直没有人来。万般无奈,只能吃一点。我一小口一小口地吃,延长放在嘴里的时间,来提升一下温度。吃了约三分之一,我决定结账走人。那老板看了看剩下的大半碗面,显出惊愕的神色。那也没办法,再吃我就要打吊瓶了。

回到公寓,我抓紧烧了一壶水,喝下去,胃舒服多了。

迎接挑战，追求超越
——记优秀教师高月峰

"迎接挑战，追求超越"是高月峰老师的座右铭，工作十七年来，他是这样想的，也是这样做的。

1991年，年仅22岁的高月峰跨入日照一中，成为一名光荣的人民教师。为了做一个让学生满意、让学校放心的合格教师，他广泛阅读教育理论名著，努力开阔自己的视野；他虚心向老教师学习，认真总结和探讨教育教学规律，苦练教学基本功。从教两年，他撰写的论文就获得市级二等奖。第三年，在全市高三语文教学研讨会上讲了作文公开课。理论和实践的进步，使得他很快熟悉了教学业务，完成了从大学生到教师的角色转换。在熟悉语文教学业务的同时，他还担任班主任工作。自1992年到1999年，他带的班年年被评为先进班级，个人也多次被评为校优秀班主任。1995年12月，他光荣地加入中国共产党。1998年12月，在工作仅七年时，他被评为日照市语文骨干教师。

为了进一步提高自己的知识素养和业务水平，1999年，高月峰又考入山东师范大学，攻读教育硕士学位，2001年又参加了国家跨世纪园丁工程省级骨干教师培训。他系统地学习了教育教学理论，进一步了解了学科前沿知识，加强了和全省优秀同行们在思想和学识上的交流，为改革创新打下了良好的基础。

立足教学，潜心钻研，使他的专业知识和技能有了长足长进。2003年他受聘担任普通高中语文课程标准实验教科书编者，这在我市中学语文教师中尚属首例。他参与编写了一本必修教材、两本选修教材、三本教学参考书，教材已经在全国发行。作为教材编者，他多次在全省高中语文教师新课程培训会上做报告，并应邀到淄博等地市培训教师。他多次承担省市级公开课，2004年7月在山东省高中语文新课标实验教材备课研讨会上执教公开课《走近孔子》，2004年10月获得山东省语文优质课比赛一等奖。连续三届被评为日照市语文学科骨干教师，2005年在日照市首批学科带头人评选中，被评为高中语文学科带头人。2005年11月获山东省中语会"中学语文优秀教师"称号，2006年4月获第三届"日照青年五四奖章"提名奖。2006年9月被全国中学语文教学研究会评为"全国优秀语文教师"。2007年12月被评为山东省教学能手。

2000年7月起，他相继担任日照一中岚山分校教导主任、副校长、日照一中东校教导处主任、学生处主任。每项工作，他都以积极的心态去面对，努力在规范中创新，扎扎实实地开展工作。

2006年8月，高月峰调任日照一中国际部主任。这是一项全新的工作，中学成立国际部，在全省乃至全国并不多见，工作没有先例可循，一切要从头开始。他没有畏难，没有退缩，积极开拓，锐意创新，决心将国际部办成日照市乃至山东省的重要对外交流窗口。在校长们的大力支持下，他联系了省教育厅外事处、市外事办公室、招商局、日照驻韩国办事处、公安局出入境管理处等单位，取得了他们的支持。与德国卡尔·海尔曼中学、日本室兰市星兰中学、韩国儒城女子高中、新西兰利顿高中建立了友好学校；与韩国的五所大学、日本的樱美林大学、俄罗斯的莫斯科生物科技大学签署了友好协作协议，与美国教育中心、澳大利亚悉尼大学建立了直接联系，推荐了20多名学生留学海外，其中有的同学进入国际名校就读。今年4月，奥运火炬在韩国首尔传递期间，我校留韩学生还被大使馆选为火炬护手。向外输送学生的同时，国际部还招收外国学生到我校就读，两年来，陆续招收了40余名韩国学生和3名美国学生，为来我市投资建厂的韩国客商解决了子女求学之忧。除了长期留学的项目外，他大力推进中学生的短期交流，为学生开阔眼界，增长见识创造条件。两年来，国际部接待了来自德国、日本、韩国、新西兰、美国的师生，并在教育局、市外办的大力支持下，成功地组织学生访问了日本、韩国。经过协商，今年暑假，我校中学生访问团将于7月25日访问新西兰，8月8日访问韩国，8月14日，韩国学生将回访我校。访问期间，我校学生将住在对方学生家庭中，与外国学生同堂上课，共同开展活动。与日本的暑期交流正在协商中。

"我喜欢这种全新的工作，我愿意尽全力做好它。"高月峰如是说，没有豪言壮语，没有澎湃的激情，他朴实地表达了他的思想。在我市对外交流日益广泛深入的今天，教育也积极融入到世界。我们衷心地希望日照一中国际部为我市的国际教育交流做出更大的贡献。

（本文载于《日照日报》2008年5月24日）